le guide de mon enfant au quotidien 1-3 ans

Cet ouvrage a été réalisé avec
la collaboration de Catherine Piraud-Rouet.

Coordination éditoriale :
Astrid Desbordes
Conception graphique :
Laurence Ningre
Maquette :
Alice Nussbaum

ISBN : 978-2-09-278538-6
N° d'éditeur : 10169194
Imprimé en France
Dépôt légal : mai 2011.

www.grandiravecnathan.com

Grandir avec Nathan
grandiravecnathan.com

le guide de mon enfant au quotidien
1-3 ans

Dr Stéphane Barbas – Madeleine Deny

Nathan

Les textes d'introduction ont été écrits par le docteur Stéphane Barbas, les fiches pratiques, par Madeleine Deny.

Sommaire

Introduction générale

La période qui va de la naissance à 3 ans (âge préscolaire) est certainement la plus riche en évolution et en progrès pour l'enfant. En trois ans, le nourrisson, complètement dépendant à sa naissance, va devenir un petit enfant actif, bavard, autonome et déjà bien affirmé dans ses choix. Mais, entre les deux, la vie ne sera pas forcément un long fleuve tranquille, pour le tout-petit comme pour ses parents…

Entre 1 et 3 ans, l'enfant est à l'âge des découvertes. Il va s'ouvrir au monde et affirmer sa personnalité. Cette période débute avec l'acquisition de la marche, qui donne au tout-petit une autonomie motrice. Les Anglo-Saxons parlent de *toddlers* pour désigner cet âge de la vie (*to toddle* en anglais signifiant « marcher à pas chancelants »). Le développement du langage est l'autre progrès essentiel de cette période, qui se termine avec la capacité de parler de soi à la première personne.

En parallèle, l'enfant affirme son besoin d'indépendance et son désir de sortir d'une relation privilégiée, sinon exclusive, avec sa mère. Cette séparation est la condition de la socialisation du tout-petit, qui sera prêt à aller à l'école. Porté par la force motrice de la vie – qui est une force centrifuge –, l'enfant est attiré par le monde extérieur.

Les premières séparations

Dès la première année, les progrès sont si rapides que les parents ont l'impression que ces douze mois sont passés trop vite. À plus forte raison lorsque leur vie professionnelle a imposé, comme c'est souvent le cas, un mode de garde extérieur. Dans ce cadre, une séparation sereine n'est possible que s'il y a eu de bonnes relations précoces entre le bébé et sa mère ainsi que des liens continus pendant la première année. Un lien affectif fort n'empêche pas la séparation. Au contraire, il est plus pénible de se séparer si la première année a été difficile ou insatisfaisante : lorsque le lien est fragile, chaque partenaire a le souci de le réparer, ce qui renforce la dépendance mutuelle.

Dès la fin de cette première année, l'enfant réagit de manière beaucoup plus nette aux nouvelles séparations. Cette période correspond à l'« angoisse de l'étranger » décrite par le psychanalyste René Spitz, aussi appelée « angoisse du huitième mois ». L'enfant prend conscience de son identité propre et de son individuation vis-à-vis de sa mère. Si l'on peut voir dans cette angoisse de séparation l'origine d'une souffrance dépressive, elle marque avant tout une étape cruciale de la structuration psychique.

Le stade oral

Pour les psychanalystes, il existe un lien plus spécifique que l'attachement : c'est celui créé par la dépendance orale.

La première année de la vie correspond en effet, pour Freud, au « stade oral ». Par ses pleurs, le bébé demande à être nourri. Puis, à 1 an, grâce à la maîtrise motrice et à une meilleure compréhension du langage, s'opère un renversement : c'est l'adulte qui formule des demandes à l'enfant. L'éducation impose des contraintes et des attentes, auxquelles l'enfant doit répondre et se soumettre. La psychanalyse a vu dans la demande d'aller sur le pot une sorte de prototype de toute attente éducative. C'est l'acquisition du contrôle sphinctérien, contemporain de la marche, qui rend cette demande réaliste, même si l'attente de la propreté n'est plus une priorité éducative avant la troisième année.
Après le stade oral, on parle de « stade anal » qui recouvre la période entre 1 et 3 ans. Mais ce stade ne se limite pas à l'apprentissage de la propreté. Il se manifeste par l'émergence de certains traits de caractère : obstination, entêtement ou plaisir de se salir...

La difficile phase des « 2 ans »

Que l'on se rassure : avant d'atteindre l'âge de 3 ans, grâce à l'éducation et au refoulement de ses pulsions, l'enfant deviendra poli, attentif à l'autre, soucieux de la propreté, et montrera un comportement compatible avec les exigences morales et sociales.

Refoulement ne signifie pas inhibition. L'enfant, qui vient d'apprendre à marcher, a besoin de bouger et de toucher à tout. Il faudra poser des interdits : certains sont impératifs pour sa sécurité, d'autres sont nécessaires pour lui apprendre à différer ses satisfactions. Il revient aux parents de dire souvent « non » et de fixer des limites. L'enfant semble s'identifier à cette attitude et se met à dire « non » à son tour. Il s'oppose à tout. René Spitz y voit un moment clé de la vie psychique. C'est en s'opposant qu'un enfant affirme sa personnalité. Cette phase a beau être comprise par la plupart des parents comme normale, la vie quotidienne n'est pas toujours facile. La vie familiale, surtout quand les parents travaillent, est centrée autour des repas, de la toilette, du coucher... autant de moments propices à des crises d'opposition ou à des colères !

Entre l'envie de grandir et le désir de rester petit...

L'enfant n'a de cesse de solliciter la disponibilité des adultes et d'attirer leur regard. Il attend, avec une part d'inquiétude, leur approbation ou leurs encouragements. Le bébé était déjà l'objet de l'admiration familiale, mais, maintenant qu'il grandit, l'enfant en prend conscience. Anticipant le complexe d'Œdipe, le petit garçon cherchera, par ses prouesses, de l'admiration dans les yeux de sa mère, tandis que la petite fille découvrira son pouvoir de séduction sur son père. Les parents sont les modèles dont il s'inspirera en les imitant, en particulier dans ses jeux.

Le rêve d'être grand peut entrer en contradiction avec le désir de rester petit, créant ainsi un conflit psychique. Un conflit reflété en partie par les colères, mais aussi par les peurs et les phobies de cette période. Ces dernières sont tout à fait normales à cet âge : seules leur fréquence et leur persistance doivent inquiéter. Des moments transitoires de régression coexistent aussi avec une évolution saine. Ce sont des paradoxes inhérents à la croissance et à la maturation qu'il faut savoir supporter. Ce conflit se résoudra ou s'atténuera en accédant à l'étape suivante du développement, celle du complexe d'Œdipe, où le désir d'être un bébé se transformera en désir d'avoir un bébé, en prenant la place de papa ou de maman.

Le rôle des parents

Tout le dilemme est de trouver le subtil dosage entre fermeté et réassurance. Les parents, eux aussi, ont le droit d'être ambivalents. Tantôt ils voient avec tendresse dans leur enfant le bébé qu'il était, tantôt ils ont le désir de le voir grandir vite. Quand apparaîtront les peurs nocturnes, si courantes avant 3 ans, ils auront parfois la nostalgie du nourrisson tranquille qui dormait de longues heures. Mais le refoulement – qui fait oublier à chaque individu la période qui précède l'âge de 3 ans – concerne sans doute aussi les parents. Plus tard, ils se souviendront surtout de la richesse de cette époque formidable qui a vu leur bébé devenir un enfant autonome et prometteur.

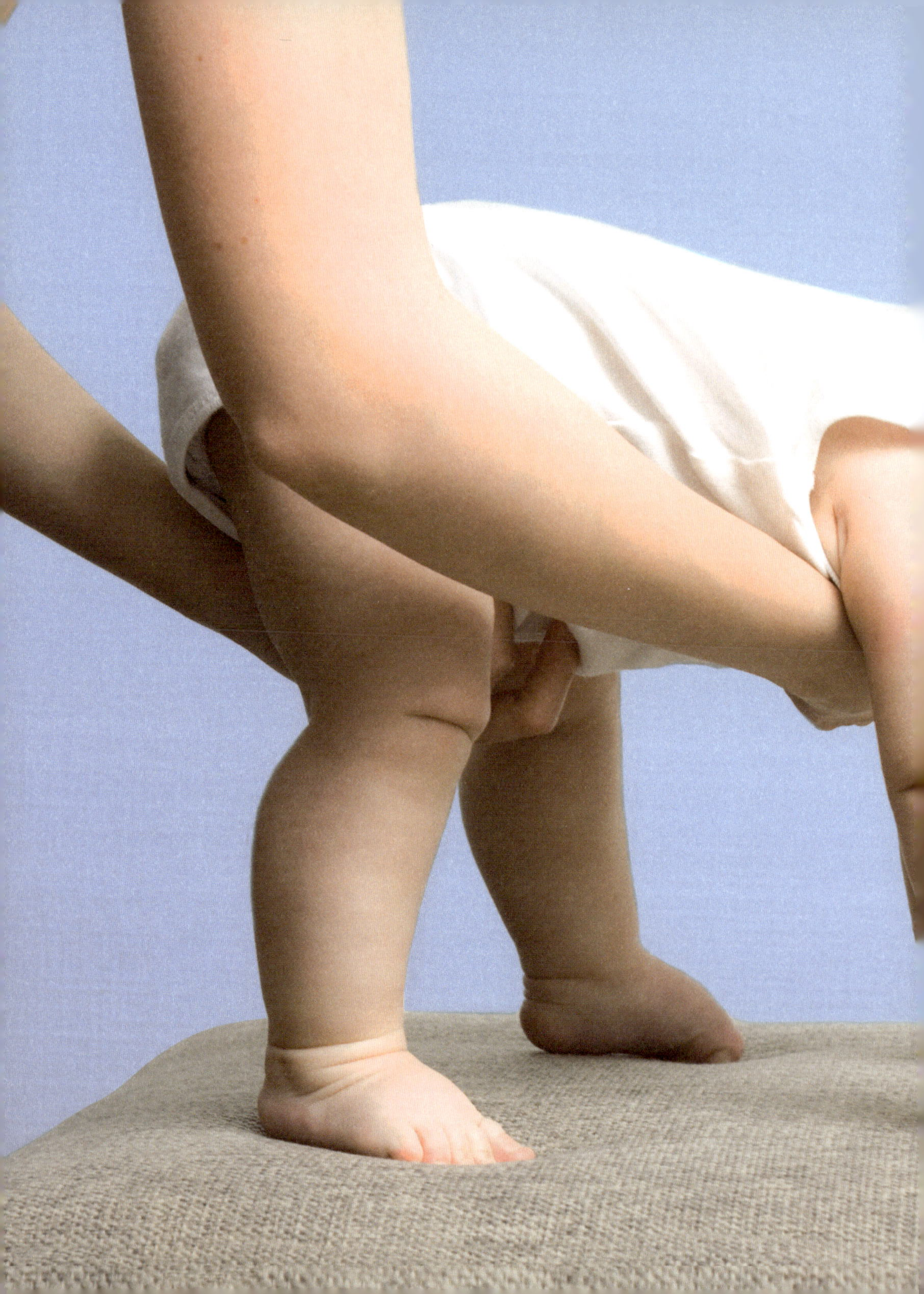

le développement physique

Né prématuré, le petit d'homme a la croissance physique la plus lente de tous les primates. Avant d'avoir acquis une relative autonomie, vers 3 ans, il lui faudra passer par différentes phases, y compris par des périodes de régression tout à fait naturelles. Cette lenteur du développement le rend plus disponible pour l'éducation.

Le petit d'homme naît « prématuré » : pendant longtemps, il est dépendant des adultes pour assurer ses apports vitaux. Mais sa croissance physique est extrêmement rapide les deux premières années et, de tous les organes, c'est le cerveau qui se développe le plus. C'est aussi la période où les influences du milieu et des apprentissages sont les plus décisives.

Inné et acquis, un faux débat

Dépassé, le vieux débat sur le rôle respectif de l'inné et de l'acquis. Le développement biologique prédispose le nourrisson aux apprentissages. « L'enfant est biologiquement social », disait le médecin et psychologue Henri Wallon. Station debout et marche, acquisition de la propreté… bien des étapes initiales du développement sont déterminées par des facteurs biologiques et innés, spécifiques à l'espèce humaine. Mais ce développement programmé est influencé par les exigences propres de l'éducation, qui vont se faire de plus en plus prédominantes.

Le développement de l'enfant doit être considéré dans sa globalité, sans opposer artificiellement les aspects physiques et les aspects psychologiques. À vrai dire, le contexte psychologique et les attentes éducatives infléchissent tant les progrès moteurs qu'il est plus approprié de parler de développement psychobiologique.

Des progrès... et des régressions

C'est avec beaucoup d'intérêt que l'enfant découvre ses nouvelles potentialités, mais il lui faut l'énergie psychologique pour les investir. Chaque progrès lui demande un effort. Le pédiatre américain Thomas Brazelton a repéré dans la petite enfance des étapes marquantes, les « points forts ». Des moments du développement où de nouvelles acquisitions ou expériences sont possibles, mais où l'enfant est aussi vulnérable. Un progrès peut être précédé par une période de régression, ce qui est tout à fait normal.

De fait, le développement n'est jamais totalement linéaire. On peut constater une stagnation des progrès psychomoteurs – des difficultés de sommeil ou des problèmes alimentaires – à certains moments charnières de la vie, et plus particulièrement après la première année : arrivée d'un bébé dans la fratrie, adaptation à un nouveau mode de garde ou séparation...

Ces régressions sont d'autant moins inquiétantes qu'elles sont nécessaires pour permettre à l'enfant de se concentrer sur ses progrès à venir, qui mobiliseront toute son énergie. Dédramatisons donc des difficultés temporaires – certes pas toujours faciles à gérer – mais qui sont souvent l'expression d'oppositions et sont sans conséquences physiologiques pour sa croissance.

L'alimentation

Rien de plus simple... ni de plus complexe, parfois, que l'alimentation dans les premières années de la vie. L'enfant découvre de nouveaux aliments, acquiert plus d'autonomie... et est capable de réactions très diverses. Face à elles, les parents doivent apprendre à se positionner, sans craintes excessives.

L'alimentation est un sujet complexe dans la vie du tout-petit. C'est, tout d'abord, la satisfaction d'un besoin. Des apports nutritionnels substantiels sont nécessaires les premières années, où la croissance est la plus importante. L'enfant grandit en moyenne de 25 centimètres les douze premiers mois et de 11 centimètres l'année suivante. Dans cette période intense, en particulier d'apprentissages, le cerveau est l'organe qui consomme le plus d'énergie. C'est aussi une dimension de plaisir. Les premiers mois, le nourrisson est en état de dépendance pour la satisfaction orale de ses besoins : c'est le stade oral décrit par Freud. Enfin, l'alimentation est aussi, et surtout, un temps fort d'échanges et d'interactions.

La diversification, une nouvelle aventure

À partir de 6 mois, le lait seul ne permet plus de couvrir les besoins nutritionnels de l'enfant. Il est alors nécessaire d'introduire d'autres sources nutritives. La diversification permet le passage d'une alimentation lactée liquide à une alimentation semi-solide, puis solide – vers 2-3 ans –, proche de celle de l'adulte, ainsi que la découverte d'aliments de textures, d'odeurs, de couleurs et de goûts différents.

Au fil des mois, l'enfant va devenir de plus en plus autonome pour ses repas, et c'est d'abord avec ses doigts qu'il va acquérir cette autonomie. Il est important d'accepter cette phase : un enfant ne peut pas s'alimenter seul correctement d'emblée, même si, vers 18 mois, il est capable de se servir d'une cuillère.

Nourrir correctement son enfant est un souci constant. Pour la mère, c'est prendre en main la responsabilité de la vie qu'elle a donnée. Dès lors, en s'opposant à l'alimentation – notamment au moment du sevrage –, le tout-petit aura sur ses parents, et sur sa mère en particulier, un moyen de pression décisif.

Rassurons d'emblée les parents : aucun enfant en bonne santé ne se laissera mourir de faim. Mais il tient là un moyen de pression dont il sent très tôt l'efficacité.

L'opposition alimentaire, sans conséquences pour l'avenir

Jet de cuillère ou de nourriture, refus des aliments en détournant la tête d'un côté et de l'autre, crachement des bouchées avec force mimiques écœurées..., l'enfant a plus d'une corde à son arc pour manifester son opposition, qui ne constitue pas, en soi, un trouble du comportement alimentaire.

Un enfant peut, sans danger, manifester une baisse transitoire de l'appétit ou sauter un repas, notamment si un événement le perturbe. La réalisation pratique de la diversification n'est régie par aucune règle : chaque cas est particulier. Il faut accepter le fait que l'enfant se montre en mesure d'exprimer clairement son choix et qu'il peut très bien refuser un mets qu'il acceptera par la suite.

L'inquiétude des parents est parfois renforcée parce qu'ils ont connu eux-mêmes des problèmes de ce genre. Ils craignent de voir s'installer une anorexie rebelle, assortie d'une éventuelle carence nutritionnelle. D'autres, très sensibilisés à la prévention contre les excès alimentaires, craignent la surcharge pondérale.

Que les premiers se rassurent : l'anorexie précoce (ou anorexie d'opposition) chez le tout-petit et l'anorexie juvénile n'ont rien à voir, et la seconde n'est pas la conséquence de la première. Et que les autres évitent de se polariser sur des règles alimentaires trop strictes, sous peine de transformer les repas en calvaire.

En cas de doute, consultez votre généraliste ou votre pédiatre, qui pourra vous dispenser quelques conseils diététiques de bon sens et vous rassurer sur l'évolution des courbes de croissance et de poids.

Les bonnes habitudes à table

Entre 1 et 3 ans, un enfant doit apprendre qu'on est toujours assis à une table lorsque l'on mange, une habitude pas si facile à faire adopter à un tout-petit et pourtant essentielle. Cela lui évitera de jouer à tester l'autorité de ses parents dès qu'une bouchée est avalée. Pour cela, il faut veiller à limiter l'attente entre les plats et charger l'enfant de petites missions (avertir lorsque la minuterie du four sonne, servir le pain, distribuer les cuillères pour le dessert…). Il faut aussi faire en sorte que le temps passé à table ne soit pas trop long : rester assis vingt minutes pour un enfant de 2 ou 3 ans, c'est déjà un bel exploit !

Organiser les repas

- **N'oubliez pas que votre enfant est un très bon observateur.** Si vous vous levez de table au cours du repas pour répondre au téléphone ou ranger la cuisine, il comprendra qu'il peut faire comme vous plutôt que de rester à table jusqu'à la fin du repas.

- **S'il sort de table malgré votre interdiction, ne vous lancez pas dans une course-poursuite.** Quand son comportement est ignoré, l'enfant comprend très vite que son parent n'entre pas dans son jeu, qui en perd alors tout son piquant !

- **Refusez qu'il parte se dégourdir les jambes à l'heure du dessert avec un fruit à la main** ou qu'il vienne réclamer une becquée de yaourt quand l'envie lui en prend : toute nourriture doit se prendre à table.

Apprendre à manger seul

La coordination main-œil n'est pas encore totalement maîtrisée entre 1 et 2 ans. Le temps du repas est une excellente activité pour apprendre à l'enfant à affiner ses gestes. Il faut lui faciliter la tâche en lui préparant sa nourriture en petits morceaux et en le laissant manger avec les doigts tout ce qui peut se prendre facilement. Son assurance à porter avec les doigts les aliments à sa bouche l'aidera à manier plus rapidement la cuillère et la fourchette et encouragera son autonomie.

Les bonnes idées pratiques

▸ **Votre enfant veut manger tout seul ?** Servez-lui son repas en plusieurs mini-portions.

▸ **Pour l'aider à manier les couverts, remplissez sa cuillère ou piquez l'aliment avec sa fourchette avant de la lui laisser prendre.** Même si la tablette de sa chaise haute se transforme en pataugeoire, n'hésitez pas à lui répéter qu'il se débrouille très bien tout seul.

▸ **Manger avec les doigts, tripoter les aliments est une excellente façon de goûter aux aliments en toute indépendance.** Évitez donc de l'essuyer après chaque bouchée, cela risque de perturber ses expériences de fin gourmet.

▸ **Placez sous la chaise haute un petit tapis facile à nettoyer.** Et s'il mange seul, ne laissez pas ses frères et sœurs le distraire ou jouer près de lui pendant qu'il prend son repas.

▸ **Après 2 ans, ne lui proposez plus ses ustensiles de bébé (cuillère spéciale, verre antigouttes).** Ils vont ralentir son apprentissage.

▸ **Réclamer à boire est souvent un jeu.** Ne laissez pas la carafe d'eau à proximité et attendez le milieu du repas pour lui proposer à boire.

Le refus de manger

La bouche est une partie du corps fondamentale dans la formation du goût… et des dégoûts. Il faut éviter de forcer un enfant à manger, les tentatives, même les plus ludiques, comme la « cuillère avion », amèneront toujours la même réaction de sa part : il se sentira trompé, se méfiera encore plus de la nourriture et renforcera son attitude d'opposition. Mieux vaut adopter une attitude positive : retirez l'aliment refusé sans montrer de contrariété et passez au plat suivant.

Pour éviter les confrontations

- **Si votre enfant refuse de manger ce que vous lui proposez, demandez à un autre membre de la famille de prendre le relais.** Si vous le faites manger seul, ne vous focalisez pas sur la nourriture, parlez-lui d'autre chose.

- **Ne laissez pas votre enfant « ruminer » la nourriture qui ne passe pas :** si vous le laissez faire, vous risquez de l'en dégoûter pour un bon moment.

- **Ne le félicitez pas lorsqu'il finit son assiette.** Un enfant ne mange pas pour faire plaisir à ses parents, mais parce qu'il a faim ou qu'il aime particulièrement un aliment. À l'inverse, ne lui faites aucun reproche lorsqu'il refuse un plat.

- **Une bonne ambiance à table donne de l'appétit.** Évitez que le manque d'appétit de votre enfant ne prenne trop d'importance dans vos conversations au cours du repas. Moins vous manifesterez votre contrariété, plus le problème se réglera rapidement.

- **Lorsqu'un enfant, vers 2 ans, entre dans sa crise d'opposition, évitez les confrontations à l'heure du repas.** Plutôt que de le voir dire « non » à tout ce que vous lui proposez, laissez-le faire certains choix. Veut-il plus de jambon ou de purée ? Du sucre ou de la confiture dans son yaourt ?

L'enfant qui mange peu

La plupart des petits ont des goûts très changeants, et leur passion pour tel ou tel aliment peut s'éteindre du jour au lendemain. Pour éviter les conflits, les parents doivent accepter qu'ils forment leur goût par à-coups, avec parfois un appétit aléatoire, et essayer de ne pas porter une attention trop soutenue aux refus de manger… même si ce n'est pas toujours facile. Plutôt qu'à la quantité ingérée, mieux vaut s'intéresser au plaisir qu'éprouve l'enfant à manger ce qu'il apprécie.

Attention aux coupe-faim

- **Si un plat « révulse » votre enfant, ne vous en offusquez pas.** Retirez simplement son assiette pour qu'il ne joue pas avec la nourriture, sans faire de commentaires.

- **La plupart des enfants adorent le pain** et l'on a rarement besoin de les forcer pour en manger, mais c'est un vrai coupe-faim, qu'il vaut mieux proposer à la fin des repas. Il est alors excellent pour remplir l'estomac de ceux qui n'ont pas beaucoup mangé.

- **Ne remplacez pas un plat refusé par un autre,** ne compensez pas non plus en le laissant grignoter entre les repas. Un enfant qui a peu mangé lors d'un repas mangera mieux au suivant.

- **Ne faites pas du chantage au dessert en le menaçant de l'en priver s'il ne finit pas son assiette.** Le dessert n'est pas une récompense, c'est un plat comme les autres.

- **Pensez toujours à lui servir de petites portions.** Ce sera plus agréable de le resservir s'il a encore faim plutôt que de jeter le contenu de son assiette aux trois quarts pleine.

- **Respectez les horaires des repas.** Un retard de trente minutes peut entraîner un gros coup de fatigue et couper l'appétit.

Le refus de goûter à de nouvelles textures

Les enfants qui ont un petit appétit ont souvent vécu de mauvaises expériences alimentaires. Avaler de travers un petit bout de viande suffit pour se méfier de toute nourriture en morceaux ou d'une nouvelle texture. L'important est de leur faire reprendre confiance en les laissant se débrouiller seuls : toucher les aliments, les prendre avec les doigts, les goûter du bout de la langue les aideront à retrouver l'envie de déguster des aliments variés.

Prendre du plaisir avant tout

- **Lorsque vous donnez à manger à un enfant entre 1 et 2 ans, ne posez pas la cuillère contre son palais** au risque de provoquer un réflexe révulsif. Ne remplissez jamais sa cuillère à ras bord.

- **Veillez à ce qu'il mastique bien.** S'il mange trop rapidement, faites-le parler entre chaque bouchée afin qu'il adopte un rythme plus lent.

- **Pour que la nourriture glisse toute seule dans sa gorge, liez les aliments un peu secs avec du bouillon ou du lait.**

- **Lorsqu'il refuse un aliment, n'hésitez pas à multiplier les tentatives sans vous décourager :** c'est parfois au bout de dix essais qu'il finira par l'apprécier. Placez l'aliment qui le rebute dans un bol à côté de son assiette et laissez-le y goûter uniquement s'il le souhaite.

- **N'oubliez pas que tout aliment peut être remplacé par un autre** et qu'il est inutile de contraindre un enfant à manger ce qui le dégoûte.

- **Les aliments tout prêts pour bébés ont des goûts très éloignés des aliments frais.** Mélangez un peu de légumes ou de fruits frais à sa soupe ou à sa compote industrielle préférée pour qu'il prenne facilement goût à sa nouvelle alimentation.

Les petites faims entre les repas

Les enfants en pleine croissance ont besoin de trois repas et de deux collations par jour. Ces cinq repas doivent leur apporter tous les éléments nutritifs nécessaires. Il faut cependant veiller à ne pas dérégler les signaux de la faim et de la satiété en leur proposant un biscuit ou du pain dès qu'ils s'ennuient, pleurent de fatigue ou se sont fait mal. Ils risquent d'adopter un mauvais réflexe : manger à la moindre émotion négative.

Quelques règles d'or

▸ **Prévoyez un délai de deux heures entre une collation et un repas** pour que l'enfant ait à nouveau de l'appétit. S'il a soif dans la journée, ne lui donnez que de l'eau.

▸ **À une période cruciale où l'enfant forme ses goûts et adopte les bonnes habitudes alimentaires, préparez-lui des collations** avec des produits frais non transformés : un yaourt sucré au miel plutôt qu'un yaourt aromatisé, une tranche de pain et un carré de chocolat plutôt qu'un pain au chocolat.

▸ **Même s'il a très peu mangé à midi, n'avancez pas l'heure du goûter.**

▸ **Évitez de lui proposer un grand verre d'eau avant le repas.** L'estomac rempli, il risquerait de ne plus avoir d'appétit. En revanche, il ne faut pas hésiter à lui proposer en début de repas des fruits et des légumes crus. Des aliments salés frais peuvent aussi très bien s'inviter lors des collations.

▸ **Seule l'introduction de l'arachide et des fruits à coque (noisettes, noix, amandes, pistaches...), réputés très allergisants, est déconseillée avant 3 ans.** Tous les autres aliments, sauf allergie avérée, peuvent donc être consommés dès 1 an.

Le sommeil

Facteur de croissance, de repos et d'évasion, le sommeil est aussi synonyme de séparation et d'angoisses pour le tout-petit. D'où l'importance de la mise en place de rituels du coucher rassurants, sans tomber toutefois dans l'excès, car les vraies insomnies sont rarissimes à cet âge.

Nécessité physiologique et psychologique à la fois, le sommeil est un besoin fondamental que le bébé va rechercher spontanément. L'alternance veille-sommeil est inscrite en chacun de nous. Après quelques mois, le bébé cale le rythme de son éveil et de son sommeil sur l'alternance du jour et de la nuit. Avant 2 ans, il a parfois encore besoin de deux siestes dans la journée – une le matin et une l'après-midi –, puis d'une seule jusqu'à l'entrée à la maternelle.

Le sommeil, facteur de croissance préservé par le rêve

Comme chez l'adulte, le sommeil du tout-petit est organisé en plusieurs cycles – quatre ou cinq au cours d'une nuit. Chaque cycle est composé de quatre phases de sommeil lent (l'électroencéphalogramme montre un tracé d'ondes lentes), qui vont du sommeil léger au sommeil profond. Puis survient une cinquième phase, le sommeil paradoxal (le tracé ressemble à celui de l'état de veille, alors que le sujet dort). Ce sommeil paradoxal, dont l'importance se réduit à mesure que l'enfant grandit, est indispensable biologiquement, car il sert à consolider les apprentissages acquis pendant l'état de veille. Cette phase est également nécessaire au développement physique : elle est en effet corrélée à un pic nocturne de sécrétion de l'hormone de croissance. C'est aussi la période des rêves, dont la première fonction, rappelle Freud, est d'être les gardiens du sommeil : les excitations internes qui pourraient entraîner le réveil sont transformées en rêves, préservant ainsi le sommeil. Tout rêve est également, pour Freud, la réalisation d'un désir. Chez l'enfant, ce désir est moins déguisé par le refoulement qu'il ne l'est chez l'adulte. Le sommeil – préservé par le rêve – est donc un temps essentiel à la croissance et à la structuration psychique.

Les difficultés d'endormissement

Les difficultés d'endormissement qui peuvent apparaître, surtout lors de la deuxième année, relèvent parfois d'une opposition à une demande parentale, fréquente à cet âge. C'est particulièrement le cas si les parents ont hâte de coucher l'enfant, ne serait-ce que pour avoir légitimement un temps à eux. Comme dans tous les conflits de ce genre, plus l'enfant sent l'insistance de l'adulte, plus le problème risque d'être difficile à résoudre. Le conflit est en effet source d'excitation et donc peu propice à l'apaisement préalable au sommeil.

Le moment du coucher est une séparation – l'enfant doit dormir seul dans sa chambre, à l'écart de ses parents, et il n'y est pas toujours prêt. Les rituels (câlins, histoire) sont donc importants pour accompagner cette transition et apaiser ses peurs – du noir, des monstres –, très fréquentes à cet âge, et parfaitement normales.

La nuit est porteuse d'angoisse, les parents, de réconfort...

Il est normal qu'un enfant de moins de 2 ans se réveille, parfois plusieurs fois, durant la nuit. Ces réveils se produisent plus facilement entre chaque cycle : ce sont les moments où, auparavant, le nourrisson se réveillait pour réclamer le sein ou le biberon. Il est donc important de ne pas conserver cette habitude de nourrir l'enfant dès qu'il se réveille, pour qu'il intègre naturellement son rythme de sommeil nocturne.

Les cauchemars sont fréquents chez les petits. Leur fonction, comme celle des rêves, est de protéger le sommeil en évitant que les angoisses ne réveillent l'enfant. Les terreurs nocturnes se distinguent des cauchemars car elles surviennent en dehors du sommeil paradoxal, le plus souvent en première partie de nuit. Dans les deux cas, l'enfant a besoin d'être rassuré par la présence de ses parents.

Les vraies insomnies du jeune enfant sont exceptionnelles. Elles sont surtout préoccupantes si l'enfant reste tranquillement éveillé pendant des heures, sans pleurer et sans appeler. Cette « insomnie joyeuse » peut être associée à des troubles de la personnalité. Une consultation pédopsychiatrique sera alors nécessaire au moins pour rassurer les parents et, en cas de troubles légers, pour les résoudre assez vite avant qu'ils ne s'installent.

On évitera à cet âge tout traitement médicamenteux, sauf pour des troubles très spécifiques comme l'épilepsie. D'une manière générale, il n'y a pas lieu de s'inquiéter si, par ailleurs, le développement est normal.

La préparation au coucher

Il est toujours difficile pour un enfant de quitter le cercle familial pour aller se coucher, mais on peut lui faire comprendre que, le soir, ses parents ont aussi besoin de prendre un peu de temps pour eux…

Les jeux sportifs – chatouilles, cris et autres fous rires –, au lieu de fatiguer l'enfant, l'excitent et rendent encore plus délicat le moment du coucher. Pour favoriser l'endormissement, mieux vaut privilégier les activités calmes. Après une journée bien remplie, faire un puzzle, écouter de la musique douce, regarder des livres dans une ambiance feutrée préparent au sommeil. Une petite séance de massage, des exercices de respiration relaxante après le bain sont aussi d'excellentes façons d'évacuer les tensions de la journée.

Avant d'aller au lit

▸ **Baissez le ton de votre voix, proposez des jeux sans stimulations auditives ou visuelles.** Une corbeille avec quelques livres ou des jeux simples réservés à ce moment particulier permettront à l'enfant de ralentir son activité en prenant plaisir à jouer avec des objets qu'il n'a pas utilisés dans la journée.

▸ **Pensez à ne pas prendre l'enfant par surprise lorsqu'il est l'heure d'aller dormir.** Quelques minutes avant de l'emmener au lit, prévenez-le en utilisant des mots simples : « Quand tu auras fini ce livre, ce sera l'heure du dodo », « Après ce livre, on rangera tes jouets et tu iras chercher papa pour qu'il t'emmène au lit »…

▸ **Inutile d'expliquer à l'enfant qu'il est fatigué ou énervé et que c'est pour cela qu'il doit aller au lit.** Ce sont des notions qu'il ne peut pas encore vraiment comprendre.

L'endormissement

La régularité des horaires, la constance et la cohérence sont la clé d'un rituel du coucher réussi. Ce rituel doit toujours être effectué à l'identique et être de courte durée (entre quinze et trente minutes). Les câlins, les comptines et les petites histoires font partie des activités qui permettent à l'enfant de bien vivre la séparation.

Il est inutile d'attendre que l'enfant soit endormi pour quitter sa chambre, cela ne lui permettra pas d'apprendre à plonger dans le sommeil tout seul. Mieux vaut éviter aussi de s'allonger dans son lit ou de le laisser se nicher contre soi durant le rituel du coucher. Lors d'un réveil nocturne, il éprouvera ce même besoin de contact physique et ne saura pas s'apaiser autrement.

La bonne attitude

▸ **Ayez un programme précis.** Une quinzaine de minutes suffisent amplement pour raconter une petite histoire, faire un câlin, rappeler à l'enfant toutes les choses intéressantes qu'il fera le lendemain, avant de le quitter sur la pointe des pieds.

▸ **Dès 18 mois, un enfant peut comprendre ce qu'on attend de lui.** Il va, bien sûr, tester son pouvoir, tenter de faire durer le plaisir en vous appelant à de nombreuses reprises. Dans ce cas, lorsque vous revenez dans sa chambre, ne vous mettez jamais en colère, mais répétez fermement à chaque fois qu'il n'y a plus rien à faire d'intéressant pour les enfants le soir, mis à part dormir !

▸ **À l'inverse, n'intervenez pas si votre enfant chantonne, parle dans son lit, même à une heure tardive.** C'est sa façon à lui de se détendre avant de plonger de façon autonome dans le sommeil.

Tétine et doudou

Le doudou et la tétine – ou le pouce – sont les compagnons habituels qui apaisent et sécurisent l'enfant lors de l'endormissement. Ils l'aident à entrer doucement dans le sommeil par ses propres moyens.

La succion de la tétine a un vrai pouvoir apaisant. Le doudou, que l'enfant considère comme un véritable ami, est là pour le réconforter et faciliter la séparation. Il est préférable d'apprendre au petit enfant à ne les utiliser que pour s'endormir : cela l'incitera à aller au lit avec beaucoup de plaisir pour les retrouver.

Le doudou amène souvent l'enfant à délaisser sa tétine, mais c'est l'enfant lui-même qui décidera du jour où il n'aura plus besoin de ces objets de réconfort pour s'endormir.

Un soin tout particulier

▸ **Le doudou est précieux, veillez à en avoir un de remplacement.** Chouchoutez-le, mais ne le lavez pas trop souvent pour qu'il garde sa bonne odeur rassurante. S'il tombe en lambeaux, attachez ou cousez un de ses morceaux à celui qui le remplacera.

▸ **Si votre enfant a pour doudou une couverture,** un pull ou un tissu, coupez-le en deux et gardez la moitié en réserve.

▸ **C'est l'enfant qui choisit son doudou,** c'est aussi lui qui décidera quand il n'en aura plus besoin (généralement avant 6 ans).

▸ **Pour le convaincre de laisser sa tétine dans sa chambre,** expliquez-lui que, si elle traîne dans la maison, elle sera pleine de poussière et que, si on la lave souvent, elle perd son bon goût. Proposez-lui aussi de la confier dans la journée à son nounours, qui sera ravi de la lui garder dans sa chambre.

Les peurs et les cauchemars

La peur du noir

Entre 2 et 5 ans, de nombreux enfants redoutent l'obscurité totale. Même s'il y a une veilleuse dans sa chambre, les loups, les sorcières et autres monstres que l'enfant imagine aux aguets sous son lit l'empêchent de s'endormir ou troublent son sommeil. Pour calmer son angoisse, il est important de ne pas entrer dans son jeu en ouvrant les portes des placards ou en regardant sous le lit pour l'assurer qu'aucun monstre ne s'y cache. Ce genre de réaction ne peut qu'intensifier la peur de l'enfant, qui pensera que ses parents sont également anxieux et qu'ils doutent de la sûreté de sa maison. Il vaut bien mieux rassurer l'enfant par des mots simples et apaisants, qui lui montreront que rien ne peut lui arriver de mal dans la maison de ses parents.

Les terreurs et cauchemars

C'est souvent vers 18 mois que débutent les troubles du sommeil dus aux mauvais rêves. Il est utile d'en différencier deux sortes pour bien réagir.

Les épisodes de *terreur nocturne* sont courts et ne laissent aucun souvenir à l'enfant. Même s'il a les yeux ouverts, gémit et pleure, il dort. Il faut alors rester près de lui, sans le réveiller, pour surveiller ses gestes désordonnés en attendant qu'il s'apaise.

À l'inverse, les *cauchemars* classiques réveillent l'enfant, qui a souvent besoin de parler de son mauvais rêve à ce moment-là. Par son comportement rassurant et apaisant, le parent lui permettra d'évacuer plus facilement ses émotions et l'aidera à replonger dans le sommeil.

Les réveils nocturnes

Lorsqu'il se réveille la nuit, un petit enfant a souvent besoin de retrouver le contact physique de sa maman, qui le rassurait lorsqu'il était bébé. Dans ce cas, s'il appelle, pleure ou se lève pour aller dans la chambre de ses parents, il est préférable que ce soit le papa qui s'occupe de lui. Inutile de parlementer : raccompagnez-le en silence dans sa chambre, pour qu'il comprenne bien que la nuit, c'est fait pour dormir et non pour discuter. Une attitude bienveillante, ferme et persévérante finira toujours par décourager le petit visiteur nocturne... surtout s'il voit que ses parents sont parfaitement d'accord entre eux et que ses pleurs et ses appels ne ramènent pas maman dans sa chambre.

Pour calmer les pleurs la nuit

▸ **Lorsqu'un enfant vous appelle la nuit, n'allumez pas la lumière.** Parlez-lui doucement en restant dans la pénombre. Ne cédez pas à la tentation d'allumer une lampe dans la chambre en repartant. Pour bien dormir, l'obscurité la plus complète est nécessaire. Mieux vaut ne pas multiplier les veilleuses et autres décors lumineux.

▸ **Calmez-le, câlinez-le, en essayant de le laisser dans son lit.** Si vous le sentez trop malheureux, restez dans la chambre en attendant qu'il se calme. Asseyez-vous dans la pénombre, sans lui parler. Votre simple présence le rassurera.

▸ **À chaque visite, après un câlin, terminez en lui rappelant qu'il est en sécurité dans sa chambre et dans sa maison.** Dites-lui que vous l'aimez, que vous veillez sur lui et qu'il peut s'endormir sans crainte.

La sieste

La sieste est l'un des moments essentiels dans la vie du petit enfant. C'est un moment de repos et de détente nécessaire, qui lui permettra de terminer sa journée sans excitation. Jusqu'à 2 ans, une sieste en milieu de matinée et une autre après le déjeuner le remettent d'aplomb. Pour éviter les couchers difficiles, un intervalle d'environ quatre heures est recommandé entre la sieste et l'heure du coucher. L'essentiel étant de ne pas réveiller l'enfant et de le laisser sortir de son sommeil progressivement et à son rythme. Au réveil, une petite séquence musicale ou la lecture d'une histoire aideront l'enfant à reprendre le cours de la journée avec sérénité.

L'éveil corporel et la motricité

Premiers pas, acquisition de la motricité fine, naissance de la conscience de soi, de son individualité sexuée... En découvrant son schéma corporel, le tout-petit oscille entre fascination de la découverte et inquiétude devant l'inconnu. Un parcours qui devra s'appuyer sur un accompagnement vigilant, mais serein, de l'adulte.

Vers 1 an, la marche est l'étape majeure du développement. Liée à la maturation du système nerveux, elle suit une chronologie fixe, bien que l'on observe de grandes variations d'un enfant à l'autre : certains marchent à 9 mois, d'autres à 18 !

La maturité du système nerveux se fait initialement au niveau axial : le tonus de la colonne vertébrale permet la tenue assise, puis la motricité se développe vers les membres inférieurs, permettant la tenue debout avec appui. Ces étapes sont indispensables avant d'expérimenter les premiers pas.

Au début, ces premiers pas sont hésitants. L'enfant se lâche pour se retrouver dans les bras de papa ou de maman. La marche permet l'autonomie, la séparation, mais aussi les retrouvailles. C'est dire si ses enjeux psychologiques sont importants. C'est une étape symbolique vers l'indépendance.

La marche est programmée physiologiquement, mais l'enfant doit pourtant s'exercer assidûment pour la maîtriser pleinement. La peur après une chute pourra temporairement le décourager. L'attitude de son entourage sera importante pour le rassurer et l'inciter à recommencer. Le tout-petit perçoit aussi l'anxiété générée par ses initiatives. S'il entend : « Attention, tu vas tomber ! », il sera moins en confiance que si on lui suggère sereinement : « Vas-y, mais fais attention. » L'important n'est d'ailleurs pas d'empêcher un enfant de tomber, mais d'éviter qu'il ne se fasse mal.

L'intérêt de la découverte est un puissant facteur de motivation. Debout, l'enfant peut désormais atteindre des objets convoités depuis longtemps, mais jusque-là inaccessibles. À partir de 2 ans, la marche est déjà plus assurée : l'enfant est capable de courir, de se relever quand il tombe, d'éviter des obstacles et de grimper.

Après la marche, la motricité fine

Après le tonus axial et la motricité des membres inférieurs, c'est celle des membres supérieurs qui va se développer. Entre 2 et 3 ans, l'enfant acquiert une meilleure dextérité dans la manipulation des objets. À 2 ans, il sait tenir une poignée de porte, dévisser un couvercle : autant de découvertes passionnantes... ou de catastrophes ! C'est aussi le début du graphisme : les gribouillis prennent forme. L'apparition de formes fermées est une étape significative qui reflète la maîtrise motrice, mais aussi la conscience d'une identité corporelle individuée.

La conscience de soi

Avant que le dessin ne reflète l'image du corps, la conscience de soi se développe avec la construction du schéma corporel, c'est-à-dire l'intégration des différentes perceptions que l'enfant reçoit de son propre corps et qui assurent une bonne coordination de la motricité. L'enfant peut désormais nommer certaines parties de son corps, les reconnaître sur autrui ou sur une image.

Le développement du schéma corporel résulte de la maturation physiologique du système nerveux. Au préalable, l'enfant peut avoir une certaine perception de l'unité de son corps, reflétée par son image dans le miroir. C'est ce qu'Henri Wallon puis Jacques Lacan ont appelé le stade du miroir. Dans un premier temps, l'enfant reconnaît son image dans le miroir comme celle d'un autre, semblable aux enfants qu'il voit autour de lui. Puis, porté par un adulte face au miroir (« Regarde, c'est toi ! »), il jubile de cette découverte et partage sa joie avec l'adulte, vers qui il se retourne. La conscience de soi est une expérience relationnelle qui passe par la parole de l'adulte.

D'un sexe à l'autre...

La conscience de son image et sa curiosité pour son corps l'amènent à se préoccuper de la différence des sexes, et cet intérêt a une origine pulsionnelle. Les zones génitales sont source, très tôt, d'un plaisir érogène en lien avec la masturbation, qui est normale chez le petit enfant.

La naissance d'un petit frère ou d'une petite sœur va être l'occasion de poser des questions. C'est le moment de proposer à l'enfant de jouer avec des poupons sexués, le jeu étant un bon médiateur de la découverte de l'image du corps.

La découverte du corps

Entre 1 et 3 ans, l'enfant, petit à petit, développe son schéma corporel, ce qui l'amène à se faire une représentation mentale des parties de son corps. Il commence à percevoir son corps dans l'espace, apprend à pencher la tête pour passer sous un meuble, à trouver son équilibre à quatre pattes en posant une main par terre pendant que l'autre attrape un jouet... Il arrive de mieux en mieux à coordonner ses gestes et prend de l'assurance dans ses déplacements. Ces habiletés motrices se développent à l'aide de jeux destinés à stimuler les capacités sensorielles.

Afin que votre enfant ait une vraie connaissance des fonctions des différentes parties de son corps, nommez-les lorsque vous l'habillez ou que vous le lavez.

La sexualité

En apprenant à coordonner ses mouvements, l'enfant découvre le plaisir d'explorer toutes les parties de son corps, et notamment ses organes génitaux, généralement au cours de l'apprentissage de la propreté, vers 18 mois. Sur le pot, sans couches, par jeu, par curiosité, il se caresse, s'amuse avec son sexe. Ces jeux sont naturels : il est inutile de les contrarier, de les interdire ou de s'en amuser. Il vaut mieux, tout simplement, ne pas y prêter attention tout en conseillant à l'enfant, si le jeu devient trop systématique, de réserver l'enthousiasme de ces découvertes corporelles à l'intimité de sa chambre ou de la salle de bains.

Favoriser les expériences sensorielles

Pour l'aider à s'orienter dans l'espace et à se déplacer avec fluidité, proposez-lui de petits jeux :

- **Jouez à cache-cache,** en agitant une clochette pour qu'il repère rapidement l'endroit où vous vous trouvez.

- **Fabriquez un parcours de motricité.** Il passera sur des coussins posés sur le sol, par-dessus un boudin de porte, une couette roulée…

- **Tous les jouets qui roulent sur le sol l'incitent à se déplacer avec de plus en plus en plus de fluidité.** Il adorera, par exemple, faire rouler une petite bouteille en plastique remplie d'un peu de riz.

- **Lorsqu'il marche à quatre pattes, apprenez-lui à avancer rapidement puis à prendre appui sur une seule main tout en gardant l'équilibre.** Pour cela, attachez un cerceau à un ruban, tenez le ruban et déplacez le cerceau qu'il essaiera d'attraper.

- **Dès qu'il commence à trotter, jouez avec des bulles de savon en le laissant courir pour les attraper.**

La latéralisation

Avant 3 ans, un enfant apprend surtout à coordonner ses mouvements. Il n'est pas encore latéralisé et se sert indifféremment de l'une ou de l'autre de ses mains. La latéralisation s'effectue progressivement entre 3 et 6 ans. C'est à l'entrée au CP que l'on sera vraiment sûr de son orientation gauchère ou droitière. Néanmoins, on peut parfois repérer un gaucher un peu plus tôt, en l'observant au quotidien. S'il prend toujours sa cuillère de la main gauche, écoute un jouet musical en le collant à son oreille gauche, démarre du pied gauche pour monter un escalier, il sera sûrement un petit gaucher.

Les premiers pas

La marche est une étape très importante qui permet à l'enfant de faire beaucoup de progrès en peu de temps. En effet, la position debout libère les mains, lui permet d'appréhender la notion d'espace et d'apprécier les distances.

C'est généralement entre 12 et 18 mois qu'un enfant fait ses premiers pas. Il commence par se déplacer en se tenant aux meubles ou en étant soutenu par un adulte. Petit à petit, il parvient à trouver son équilibre et s'élance alors seul. Mais ses pas sont chancelants et il tombe fréquemment.

Pour encourager ses débuts

▸ **Offrez-lui le bon matériel qui l'incitera à avancer :** un petit tabouret bas et bien stable, un gros carton rempli de livres, qu'il poussera. Libérez aussi une partie de la pièce pour le laisser pousser son chariot de marche sans rencontrer d'obstacles. Recouvrez les angles saillants des meubles pour éviter qu'il ne s'y blesse.

▸ **Lorsque vous le sentez prêt à faire ses premiers pas, mettez-vous près de lui en position accroupie en lui tendant les bras.** Il n'aura qu'à faire un pas ou deux pour vous rejoindre. Il est important que vous ne manifestiez pas d'inquiétude lors des chutes.

▸ **Félicitez-le lorsqu'il avance seul, réagissez avec calme et consolez-le lorsqu'il tombe.** Si vous voyez qu'il a chuté en douceur, applaudissez sa « façon de s'asseoir », cela lui permettra de se relever avec le sourire plutôt que de pleurer, puis encouragez-le immédiatement à repartir pour effacer rapidement de sa tête le petit accident.

Les premières chaussures

À la maison, il est toujours préférable de laisser un petit enfant marcher pieds nus pour qu'il muscle ses pieds et sa voûte plantaire. Ses premières chaussures lui serviront surtout à protéger ses petits pieds lors de ses sorties. Bien les choisir est important : les os des pieds étant encore très souples, ils peuvent être abîmés par le port de chaussures de mauvaise qualité.

▸ **Une séance d'essayage chez le marchand de chaussures est recommandée** car il n'y a qu'avec un pédimètre posé au sol que l'on peut correctement mesurer le pied.

▸ **Un petit enfant ne peut pas dire que ses chaussures lui font mal, le serrent ou l'échauffent.** Veillez donc à son confort, chaussettes comprises. Trop petites, elles peuvent déformer ses orteils. Elles doivent donc toujours un peu dépasser du pied.

▸ **Choisissez les chaussures en fonction des critères suivants :** elles ne doivent pas être trop lourdes, et les semelles ne doivent pas être trop épaisses. Préférez un bout rond et large pour qu'il puisse bien déployer ses orteils. L'arrière de la chaussure doit avoir un contrefort légèrement montant.

▸ **Au cours de la première année de marche, un enfant change deux ou trois fois de taille de chaussure.** Sa pointure correspond à la mesure de son pied posé à plat au sol, plus 1 à 1,5 cm.

▸ **Les chaussures des tout-petits sont toujours assez chères, mais elles ne doivent pas servir à plusieurs enfants.** Ne faites pas porter les chaussures des aînés aux plus jeunes, n'achetez pas de chaussures d'occasion. L'enfant qui les a portées – même une courte période – les a déformées pour les adapter à son pied.

L'enfant qui marche tardivement

L'âge des premiers pas varie considérablement d'un enfant à l'autre : les uns démarrent d'un coup, les autres prennent un peu plus de temps avant de s'élancer. Ceux qui marchent tardivement n'ont pas besoin d'être entraînés de façon intensive ni d'être tenus par la main pour s'exercer. Ce sont bien souvent des petits costauds, dont le centre de gravité est situé plus haut que la moyenne et dont les membres sont plus longs, ce qui rend leur coordination moins facile. Ce sont aussi des enfants qui préfèrent utiliser leur énergie pour développer d'autres capacités, telles que le langage ou la motricité fine.

À chacun son rythme

- **Évitez les youpalas et autres déambulateurs à roulettes qui, au lieu de stimuler la marche, la retardent.** L'enfant s'habitue à être soutenu, à avancer sur la pointe des pieds sans utiliser les muscles de ses jambes.

- **Quand un enfant est prêt, il trouve toujours la solution pour marcher.** Ne l'obligez donc pas à se tenir debout si ses jambes se dérobent sous lui. Attendez qu'il ait un bon équilibre lorsqu'il se tient debout grâce à un appui avant de l'aider à marcher en le tenant par les mains.

- **S'il se déplace en se tenant aux meubles, éloignez légèrement et petit à petit ses points d'appui.** Il commencera ainsi à faire de tout petits pas pour atteindre son but.

- **S'il aime se déplacer en s'appuyant à une table basse, posez des jouets tout autour de la table et incitez-le à les ramasser et à les mettre dans une boîte.** Il prendra ainsi de l'assurance et pourra acquérir un bon équilibre.

Acquérir le sens du danger

Un enfant entre 2 et 3 ans, tout à son plaisir de partir à l'aventure, ne connaît pas ses limites. L'attitude de ses parents est donc primordiale pour lui apporter une présence sécurisante sans trop restreindre son goût de l'exploration. En cas d'échec ou de chute, il faut l'encourager à recommencer, l'inciter à persévérer plutôt que le surprotéger. S'il prend des risques, ce n'est pas la peine de le gronder, car il n'a pas acquis la notion du danger : il faut lui expliquer les raisons de votre intervention, sans penser que la leçon sera apprise du premier coup – un enfant entre 1 et 3 ans ne garde pas longtemps en mémoire un conseil de sécurité, il faut le lui répéter régulièrement.

Lui apprendre à bien faire

- **Posez quelques coussins sur le sol en les espaçant et en jouant à les contourner.**

- **Quand il commence à trottiner, apprenez-lui à s'arrêter lors de jeux qui comportent un départ et une arrivée.** Ensuite, lorsqu'il commencera à courir dans un parc, dès qu'il entendra le mot « stop » qu'il aura appris lors de ces jeux, il s'arrêtera automatiquement.

- **Avant 3 ans, il est préférable de tenir l'enfant par la main dans la rue.** S'il refuse, il risque de courir partout et de se mettre en danger.

- **Lorsqu'il est en mauvaise situation, bloqué sur une échelle de toboggan, sur un monticule qu'il vient d'escalader, sur une chaise, ne le prenez pas dans vos bras pour le faire descendre.** Encouragez-le à se débrouiller seul en lui expliquant comment faire : déplacer une main puis l'autre pour atteindre le barreau inférieur, s'asseoir sur les fesses pour descendre une pente trop abrupte…

Monter et descendre les escaliers

▸ **Vers 2 ans, un enfant est déjà bien stable sur ses jambes, il sait tourner en rond, courir, marcher à reculons, sauter.** L'étape de la montée et de la descente des escaliers est la dernière à franchir. C'est un exercice délicat qui demande du temps et un véritable apprentissage, surtout pour la descente.

▸ **Vers 2 ans, il va apprendre à se tenir à la rampe ou au mur, à descendre une marche en posant un pied sur la marche inférieure sans perdre l'équilibre.** En dehors de ce temps d'exercice, une barrière de sécurité en haut et en bas des marches s'impose.

▸ **Vers 3 ans, il effectuera ses premières descentes sans poser les deux pieds sur chaque marche.**

▸ **À 4 ans, il maîtrisera parfaitement son nouveau savoir en montant et descendant un escalier sans appui, un pied après l'autre.**

▸ **Lors des sorties, proposez-lui de petits exercices de montée et de descente.** Privilégiez les marches larges et basses en lui tenant la main. Apprenez-lui aussi à la maison à descendre et à monter sur un petit tabouret bas, toujours en le tenant par la main.

▸ **Pour l'aider à acquérir un bon équilibre et à se relever sans appui, posez des balles dans sa chambre et proposez-lui de les ramasser.** Habituez-le aussi à enjamber des obstacles en lui faisant un petit parcours de motricité avec des jouets posés au sol.

▸ **Installez la barrière de sécurité bloquant le bas de l'escalier au niveau de la deuxième marche.** L'enfant pourra jouer à grimper sur la première marche et à en descendre sans danger.

Encourager les activités physiques

▸ **Entre 1 et 3 ans, un enfant est curieux de tout et n'aime pas l'immobilité.** En dehors des périodes de sommeil et des repas, il affine ses mouvements, apprend à maîtriser son corps en jouant. Il est tout à fait normal, à cet âge, de sauter, de crier, de bouger en passant sans cesse d'une activité à une autre.

▸ **Les périodes de calme alternent avec les moments de découverte.** Elles seront de qualité et d'une durée raisonnable si l'enfant s'est auparavant suffisamment dépensé physiquement.

▸ **Piscine, jeux de balles, course, mini-trampoline…** permettent à l'enfant à canaliser son énergie.

▸ **Des séances d'initiation à l'eau sont organisées dans certaines piscines.** La durée moyenne d'une séance est de trente minutes.

▸ **Les séances de baby gym sont excellentes.** L'enfant se trouve dans un environnement non compétitif où il prend des risques mesurés uniquement s'il en a envie. C'est un bon moyen de prendre confiance en lui, surtout si l'accompagnement est fondé sur des encouragements sans récompense à la clef.

▸ **À partir de 2 ans, la draisienne ou vélo de marche (sans pédales) est un engin plus adapté que le tricycle.** L'enfant pousse sur ses pieds pour le faire avancer. Il va acquérir le sens de l'équilibre, se familiariser avec la direction du guidon et n'aura pas besoin par la suite d'utiliser un vélo avec des petites roues stabilisatrices.

La propreté

Devenir propre est un processus physiologique, mais qui relève aussi de nombreux ressorts psychologiques : relation aux parents, découverte de l'autonomie et des règles sociales, sentiments d'angoisse et de plaisir... Il est bien normal que cela ne se fasse pas en un jour.

L'acquisition de la propreté est un processus physiologique tout à fait naturel, en lien avec la maturité neuromusculaire. La musculature qui permet la marche et le mouvement est aussi celle qui intervient pour amener l'enfant au contrôle de ses sphincters – alors que la défécation du bébé était un mécanisme réflexe. C'est pourquoi l'apprentissage de la propreté ne doit jamais débuter avant une certaine maturité motrice et avant l'acquisition de la marche.

L'enfant acquiert la continence sphinctérienne avant 3 ans en moyenne. Certains enfants sont prêts à 18 mois, d'autres à 2 ans et demi, d'autres quelques mois plus tard encore. Rien ne justifie donc de précipiter un apprentissage qui est, de toute façon, encadré par une double contrainte : biologique (la maîtrise motrice autour de 1 an) et sociale (l'entrée en maternelle).

Une période d'apprentissage... plus ou moins longue

L'apprentissage de la propreté se fait à l'initiative de l'adulte : c'est une requête adressée à l'enfant. En y répondant, c'est le premier cadeau qu'il fait à sa mère. Toutefois, cette demande peut être aussi l'occasion de s'opposer. Il faut savoir accepter cette opposition et, le cas échéant, différer l'apprentissage.

L'acquisition de la propreté se réalise en plusieurs étapes : le contrôle urinaire, en particulier la nuit, est le plus long à se mettre en place. Une énurésie nocturne ou des « accidents » diurnes peuvent d'ailleurs se manifester transitoirement même si l'enfant est propre depuis quelques semaines ou quelques mois, en réaction à certains événements : la naissance d'un bébé, une séparation... L'acquisition complète de la propreté peut ainsi s'achever vers l'âge de 5 ou 6 ans, surtout pour la propreté nocturne. Il n'y a donc aucune inquiétude à avoir si l'enfant qui n'est pas propre à l'entrée en maternelle.

Entre angoisse et plaisir

Entre 1 et 3 ans, l'enfant découvre le plaisir que lui procure le fait de retenir les matières fécales (rétention) ou de les expulser (défécation). En psychanalyse, on nomme cette période le stade anal. À ce moment de son développement, l'enfant éprouve du plaisir à la défécation, plaisir qui croît quand il devient capable de se retenir. Il développe alors des fantasmes de maîtrise et de toute-puissance, en cohérence avec la période d'opposition qu'il traverse à la même époque : c'est l'enfant roi, installé sur son trône par ses parents, dans l'attente d'une aumône...

En parallèle, la perte des excréments est assimilée à la perte d'une partie de son corps – c'est pourquoi certains enfants ont besoin d'être rassurés par la présence d'une couche. Parfois, l'enfant s'isole et va s'accroupir dans un coin pour faire ses besoins en cachette. Il lui faudra encore un peu de temps pour accepter d'aller aux toilettes.

La période de l'acquisition de la propreté correspond donc à un stade du développement psychique où se mêlent des sentiments opposés : angoisse et plaisir. L'excitation des enfants, même plus grands, qui éclatent de rire en disant « caca-boudin », trouve aussi son origine dans cet érotisme anal encore mal refoulé. C'est l'éducation qui renforce peu à peu le refoulement des pulsions anales et des représentations qui lui sont liées. L'enfant apprend progressivement à contrôler son comportement impulsif et à se retenir. L'apprentissage de la propreté est donc lié au développement de la future personnalité.

Un apprentissage progressif

Il est inutile de brûler les étapes qui mènent à la propreté. L'apprentissage du pot se fait autour de 18 mois. On peut aider l'enfant à comprendre ce qui se passe dans son corps lorsqu'une envie survient, ce qui va le conduire à s'intéresser à ce drôle de pot qu'on lui propose... puis à le tester. Le caca dans le pot fera partie de ses premières réussites ! Cet apprentissage sera plus amusant si les parents l'accompagnent en douceur, sans précipitation ni impatience.

Le préparer en douceur

- **Tout le monde fait pipi et caca !** Montrez à votre enfant comment les animaux font leurs besoins. N'hésitez pas à parler avec naturel de vos envies de faire pipi, permettez-lui de rester devant la porte lorsque vous allez aux toilettes. C'est ainsi, sans avoir besoin de trop d'explications savantes, qu'il fera le rapprochement entre les besoins naturels et le lieu où on les fait.

- **Lorsque vous le changez,** n'utilisez pas de mots négatifs pour décrire ses couches souillées. Employez les mots pipi ou caca pour qu'il comprenne bien ce qu'il a fait.

- **Lorsqu'il pousse dans sa couche,** mettez des mots sur ce qui se passe quand vous le voyez devenir tout rouge ou s'arrêter brusquement de jouer pour se soulager : « Je crois que tu es en train de faire dans ta couche. »

- **S'il observe le contenu de sa couche,** laissez-le faire, et expliquez-lui ce qui est en train de se passer.

- **Multipliez les petits jeux pour l'aider à bien comprendre les fonctions du pot :** offrez-lui un pot miniature pour qu'il joue à y asseoir ses poupées ou ses ours qui y « feront pipi ».

Les débuts sur le pot

Il faut quelques mois pour qu'un enfant apprenne, par un réflexe volontaire, à maîtriser ses muscles sphinctériens dans la journée. Instaurer des petits rituels durant cette période, en prévoyant quelques pauses pipi à heures fixes dans la journée, lui permet de prendre une première bonne habitude : aller aux toilettes à des moments précis dans la journée, avant de sortir, avant le bain, avant le repas... Cela évite aussi que les parents ne lui demandent sans cesse s'il a envie d'aller sur le pot.

Choisir le bon moment

▸ **Ne passez pas directement de l'achat du pot à son utilisation :** laissez d'abord l'enfant jouer avec lui, apprendre à s'asseoir dessus tout habillé et à se relever.

▸ **Votre enfant a besoin de tranquillité pour faire pipi et caca.** Réservez un coin d'intimité en délimitant un endroit précis pour son pot dans les toilettes ou dans la salle de bains.

▸ **Lors des débuts de l'apprentissage, restez près de lui sans manifester d'impatience.** N'oubliez pas que personne ne peut faire pipi ou caca sur commande !

▸ **Félicitez-le lorsqu'il réussit à s'asseoir seul sur le pot.**

▸ **Pour qu'il aime la pause sur le pot,** demandez-lui de vous chanter sa chanson préférée, faites-le rire en faisant des grimaces.

▸ **Même s'il a déjà commencé à faire dans sa culotte, il est toujours bénéfique de laisser un enfant quelques instants sur le pot.** Cela lui montre la différence entre l'inconfort d'un vêtement mouillé et le caractère pratique d'un pot bien adapté. Mais il ne faut jamais forcer un enfant à s'y installer.

Les petits accidents et les refus

Insister beaucoup auprès de l'enfant l'amène souvent à une réaction d'opposition... surtout s'il voit que son refus d'aller sur le pot affecte ses parents ou, au contraire, que ce qu'il a fait dans son pot est considéré comme un exploit ! Ses visites sur le pot deviennent alors des moyens de contrôle. En cas de refus, mieux vaut ranger le pot et attendre quelques semaines pour reprendre l'apprentissage.

La bonne attitude

- **Ne poursuivez pas toute la journée votre enfant avec le pot à la main !** Au début de son apprentissage, il doit comprendre que vous êtes là pour l'épauler, pour l'encourager à être autonome. Il ne fait pas pipi dans le pot pour faire plaisir à son parent, mais pour être bien au sec, sans couche.

- **S'il a du mal à arriver à temps aux toilettes, multipliez les pots de secours dans la maison.**

- **Même s'il vous a averti(e) un peu tard et qu'il a mouillé sa culotte, félicitez-le... de vous avoir prévenu.**

- **Ne le grondez jamais, même en cas d'accidents répétés :** c'est le meilleur moyen de le voir réclamer une couche.

- **Mouiller sa culotte est une sensation désagréable qui donne naturellement envie d'aller sur le pot.** Mais il ne faut pas prolonger l'inconfort. Lorsqu'il y a un petit accident, commencez toujours par changer l'enfant.

- **Demandez-lui de vérifier de temps en temps si sa culotte est sèche.** S'il y a quelques petites gouttes, c'est le signe qu'il doit aller faire pipi. Cela lui rappellera également qu'il est parfois bon d'aller sur le pot s'il veut rester au sec.

Peurs et régressions

L'enfant n'apprend pas la propreté passivement, mais par une alternance d'essais et de mouvements de résistance. Inquiet, gêné par ce qui sort de son corps, il refuse parfois de mettre une culotte et tient à garder sa couche, où il se sent en sécurité. Lors de l'arrivée d'un nouveau bébé dans la famille, jaloux et anxieux qu'on lui prenne sa place, il multiplie les accidents pour pouvoir remettre des couches. Le rôle des parents est de rassurer, de faire preuve de compréhension, d'insister sur les réussites et de ne jamais montrer aucune déception.

Avancer, sans se décourager

- **Pour lui faire quitter ses couches, ne lui promettez pas de récompense.** Expliquez-lui plutôt qu'il sera plus indépendant et plus libre de ses gestes.

- **Veillez à ce que ses premières culottes soient aussi confortables que ses couches :** en coton doux, sans élastiques trop serrés.

- **Ne le comparez ni à un bébé lorsqu'il mouille sa culotte, ni aux autres enfants qui ne portent plus de couches.** S'il perçoit votre contrariété, il risque de se sentir coupable et de réagir négativement.

- **Veillez à préserver son intimité : certains enfants n'aiment pas être observés lorsqu'ils sont aux toilettes.** Dans ce cas, il faut les laisser tranquilles en acceptant qu'ils poussent la porte et se débrouillent seuls s'ils le souhaitent.

- **Ne vous extasiez pas sur l'objet de sa digestion, ne montrez pas non plus d'inquiétude si le passage sur le pot n'a rien donné.** Intéressez-vous plutôt à sa capacité à bien se débrouiller aux toilettes, à allumer la lumière, à baisser son pantalon, à s'asseoir... S'il reste longtemps sur le pot, ne le pressez pas en lui demandant si c'est bientôt fini.

Les premières siestes sans couche

Lorsque les couches sont sèches après plusieurs siestes consécutives, le programme « sans couches » peut commencer. Les pipis au lit de la sieste se faisant surtout au moment du réveil, il est important de réagir rapidement dès que l'enfant se réveille. On fera de même lorsque démarrera l'apprentissage des premières nuits sans couches.

Les bons moments pour s'entraîner

- **Mieux vaut ne pas commencer si vous êtes sur le point de déménager, à l'arrivée d'un nouveau bébé, si votre enfant multiplie les problèmes gastriques ou s'il est fatigué.**
- **L'été est la période idéale.**
- **Prévoyez une alaise moletonnée** et plusieurs draps de rechange.

La sieste

- **N'hésitez pas à faire retentir tambours et trompettes lors de ses premières siestes sans couche.** Suggérez-lui d'annoncer la nouvelle au téléphone à sa grand-mère ou de le dire fièrement le soir à son papa.
- **Pour l'aider à se mettre rapidement sur le pot après la sieste, laissez la porte de sa chambre entrouverte et jetez un coup d'œil de temps en temps.** Dès qu'il commence à se réveiller, proposez-lui son pot.
- **Insistez pour qu'il passe aux toilettes avant la sieste.** Cette bonne habitude permettra d'éviter beaucoup de pipis au lit.

La préparation à l'entrée en maternelle

L'apprentissage de la propreté est l'affaire des parents même s'il se fait en étroite collaboration avec les éducateurs de la crèche ou avec l'assistante maternelle. Il est donc important de poursuivre l'apprentissage pendant le week-end. L'été qui précède l'entrée en maternelle est une période idéale pour prendre de bonnes habitudes. Faire pipi avec d'autres enfants, cousins ou copains du camping, permet souvent à l'enfant d'adopter de bons comportements, rapidement et avec plaisir.

Les premiers jours à l'école

▸ **Ne vous inquiétez pas si votre enfant n'est pas tout à fait propre à la rentrée.** Il ne sera pas le seul ! En général, tout rentre rapidement dans l'ordre dans les premiers quinze jours. Veillez juste à mettre dans son sac des tenues de rechange.

▸ **Ne le culpabilisez pas si la maîtresse préfère qu'il fasse la sieste à la maison tant qu'il porte des couches.** Expliquez-lui seulement que sa rentrée à l'école se fera en deux étapes : en classe le matin et l'après-midi chez la nounou.

▸ **En petite section de maternelle, les enfants se rendent seuls aux toilettes la plupart du temps.** Ils peuvent bien sûr demander de l'aide. Faites de même à la maison un peu avant son entrée à l'école en le laissant se débrouiller.

La vie au quotidien

Entre 1 et 3 ans, le petit enfant va acquérir de plus en plus d'autonomie. Ses pas, plus stables, ses gestes plus précis vont lui permettre de tester, de découvrir, d'expérimenter tout ce qui lui tombe sous la main. Grâce à votre soutien, il va aussi acquérir durablement un vrai savoir-faire : s'habiller, se laver, se brosser les dents... En divisant ces tâches en petites étapes, vous aiderez votre enfant à maîtriser les difficultés l'une après l'autre.

L'acquisition progressive de l'autonomie s'accompagne aussi de prises de risques.

Jusqu'à l'âge de 2 ans, un enfant n'a aucun sens du danger. Certains petits accidents feront partie de sa découverte du monde et lui permettront de connaître ses limites et d'anticiper les difficultés. D'autres accidents, plus graves, doivent absolument être évités à l'aide de simples mesures pratiques à mettre en place dès qu'il commence à se déplacer seul.

Les dangers de la maison

Pour expliquer à un enfant ce qui est permis ou défendu, la bonne méthode est de joindre le geste à la parole en lui faisant faire un tour des appareils et des endroits défendus. Il est important de formuler l'interdit avec des mots simples, toujours prononcés de la même manière.

Les règles de base

▸ **Ne laissez jamais un enfant seul dans la cuisine, dans la salle de bains ou en présence d'un animal domestique.**

▸ **Ne le laissez pas jouer avec des couverts d'adultes.** Lors d'un moment d'inattention de votre part, il pourra se blesser en prenant par mégarde un couteau pointu.

▸ **Rangez soigneusement vos produits d'entretien hors de sa portée.** Pensez à équiper les portes du placard avec une fermeture de sécurité.

▸ **Intervenez immédiatement dès qu'il met quelque chose autour de son cou et ne laissez traîner aucun sac en plastique.**

▸ **Faites très attention aux fenêtres.** Ne lui montrez pas comment les ouvrir, ne laissez pas un fauteuil devant une fenêtre, qui lui facilitera l'accès à la poignée.

▸ **Votre enfant aime vous imiter.** Débranchez immédiatement perceuse, séchoir à cheveux, tondeuse… dès que vous cessez de vous en servir.

▸ **Entre 2 et 3 ans, la noyade est un risque majeur.** Ne le laissez jamais seul dans son bain ou près de tout autre point d'eau, même pour quelques instants.

Apprendre à s'habiller, à se laver

Il est important de nommer les parties du corps de votre enfant lorsque vous l'habillez, le lavez, tout en lui demandant de participer. Il tendra d'abord un bras ou une jambe pour enfiler un pull ou un pantalon, baissera le cou pour se faire savonner le dos... Vers 18 mois, il saura baisser une culotte à élastique, puis apprendra ensuite à se déshabiller et à enfiler son pyjama. À 3 ans, s'il a été encouragé à se débrouiller seul, il saura presque s'habiller sans votre aide. S'occuper seul de soi, être responsable de son corps, le laver, le vêtir, même si tout n'est pas parfait du premier coup, est essentiel pour développer l'autonomie.

Le plaisir de faire seul

- **Privilégiez les vêtements pratiques.** Ils favoriseront la réussite de l'enfant. Les pantalons à élastiques, les pulls à encolure large, à fermeture éclair, avec attaches à pression sont faciles à enfiler et à retirer.

- **Pensez à lui préparer ses vêtements afin qu'il puisse les enfiler facilement :** chaussures bien ouvertes, pantalons dégrafées...

- **Décrivez chaque nouvelle réussite de votre enfant.** Il prendra davantage conscience de ses propres forces. Au lieu de lui dire : « Tu t'es bien habillé », prenez le temps de détailler tous ses efforts : le pull est à l'endroit, le pantalon boutonné, les bottes correctement enfilées...

- **Ne craignez pas qu'en se lavant seul votre enfant se lave mal.** Il se nettoie automatiquement en jouant dans l'eau savonneuse.

- **Il est important de lui montrer comment se laver de la tête aux pieds.** Insistez sur les deux ou trois endroits qu'il risque d'oublier : le cou, derrière les oreilles, sous les bras...

- **Ne laissez jamais un enfant seul dans son bain.**

Le brossage des dents

Entre 1 et 3 ans, la dentition de l'enfant se complète petit à petit.

- En général, à la fin de la première année, les **8 incisives centrales et latérales** sont sorties.

- Les **4 premières molaires** apparaissent entre 12 et 18 mois. Les **4 canines** suivent.

- Au cours de la deuxième année, les **4 molaires suivantes** apparaissent. Ces larges dents sont les plus longues et les plus douloureuses à sortir. Seuls le paracétamol, dosé suivant les conseils du médecin, et le massage des gencives enflammées ont un pouvoir calmant.

- Dans la majorité des cas, à 3 ans, un enfant aura donc ses **20 dents de lait**. Elles seront remplacées par la deuxième série de **32 dents**, dont les premières apparaîtront vers 6 ans.

Des dents en bonne santé

Les dents de lait ont une courte durée de vie, mais leur hygiène ne doit pas être négligée.

▸ **Lors de ses premiers essais, mettez très peu de dentifrice.** En effet, dans un premier temps, il va surtout s'amuser à sucer la brosse à dents sans arriver à s'en servir et avaler l'eau de rinçage.

▸ **Choisissez un dentifrice spécial enfants :** son dosage en fluor tient compte du fait qu'il sera largement avalé.

▸ **Les enfants entre 1 et 3 ans adorent imiter leurs parents.** Brossez-vous les dents devant lui avant de l'aider à brosser les siennes.

▸ **Équipez-vous d'un sablier.** Ce petit objet ludique aide l'enfant à respecter un temps de brossage suffisant (3 minutes environ).

Les bobos et les petites maladies infantiles

Les petits malades ont besoin d'être choyés et gardés à la maison. Sans nier la douleur, la fatigue ou le mal-être qu'ils peuvent ressentir, il est cependant important de ne pas s'affoler. Une anxiété exagérée de la part du parent devant une subite éruption de boutons, une petite coupure ou de la fièvre risque d'inquiéter l'enfant... ou lui donner l'idée qu'être malade le rend particulièrement intéressant.

Relativiser les petits problèmes de santé

- **Si vous prenez des médicaments, ne le faites pas sous les yeux de votre enfant.** Évitez de trop parler de votre santé, il risque d'apporter lui aussi trop d'attention à ses petits bobos.

- **En cas d'accident, ayez des paroles positives !** Félicitez-le de ne pas pleurer lorsque vous lui posez un pansement, faites aussi diversion en griffonnant deux ou trois petits cœurs au feutre sur le pansement une fois qu'il est posé.

La prise de médicaments

Le parent doit toujours bien expliquer à l'enfant que l'efficacité d'un médicament dépend de la régularité avec laquelle on le prend. Ce ne doit pas être une épreuve de force : inutile de gronder un enfant malade qui n'a pas réussi à avaler une potion trop amère ou qui a du mal à ouvrir les yeux lorsqu'on lui met du collyre, ni de récompenser par un bonbon celui qui s'y est plié sans rien dire. Seule compte la satisfaction du parent et de l'enfant d'avoir formé une bonne équipe pendant les soins.

Être aux petits soins

- **Veillez à ne jamais associer les médicaments à des bonbons.** Cela pourrait l'inciter à goûter par la suite n'importe quel médicament laissé par erreur à sa portée.

- **Ne le laissez jamais prendre seul son médicament.** Mais n'hésitez pas à lui demander de participer à la séance de soins.

- **Le froid diminue le goût désagréable d'un médicament.** Avant sa prise, vous pouvez le placer au réfrigérateur ou proposer à l'enfant de sucer un glaçon ou une petite cuillère de sorbet pour anesthésier ses papilles.

Le b.a.-ba de la pharmacie

- ▸ Un antalgique contre la fièvre et les douleurs.
- ▸ Une crème contre les coups et les bosses.
- ▸ Une pommade contre les piqûres d'insectes.
- ▸ Un produit hémostatique pour stopper les légers saignements.
- ▸ Du sérum physiologique pour nettoyer le nez.
- ▸ Des compresses et pansements.
- ▸ Un thermomètre.
- ▸ Des dosettes de collyre en cas d'irritation des yeux.

Les dangers du soleil

Le soleil a des effets bénéfiques bien connus : il a une action antirachitique et les UV aident à la synthèse de la vitamine D. Mais il peut être dangereux. Exposé au soleil, un petit enfant peut se déshydrater très rapidement et des brûlures sur la peau peuvent survenir. Une vigilance et une protection maximales s'imposent.

Les bons réflexes

- **Évitez de laisser votre enfant jouer pendant les heures de plein soleil : entre 11 et 16 heures.**

- **La bonne tenue :** un tee-shirt ample et de couleur claire, un chapeau (qui couvre aussi les oreilles et la nuque) et des lunettes de soleil de qualité.

- **Utilisez une crème solaire avec un indice de protection maximal.** Veillez à l'appliquer trente minutes avant l'exposition au soleil sans oublier le dessus des pieds, les oreilles et l'arrière des genoux, qui sont des zones particulièrement sensibles.

- **Ne pensez pas que le bronzage est une protection contre les UV.** Ces derniers sont tout aussi dangereux pour un enfant hâlé que pour celui qui ne l'est pas encore.

- **Ne laissez jamais un enfant dans une voiture en plein soleil.** Évitez la sieste dans une tente ou une caravane s'il fait très chaud dehors.

- **En cas de canicule, donnez-lui à boire de l'eau fraîche régulièrement.** En voyage, vaporisez son visage et son torse avec un brumisateur.

- **En cas de coup de chaleur, rafraîchissez-le rapidement en l'enveloppant dans une serviette éponge humide.**

- **S'il a de la fièvre, s'il est pâle ou somnole, conduisez-le chez le médecin.**

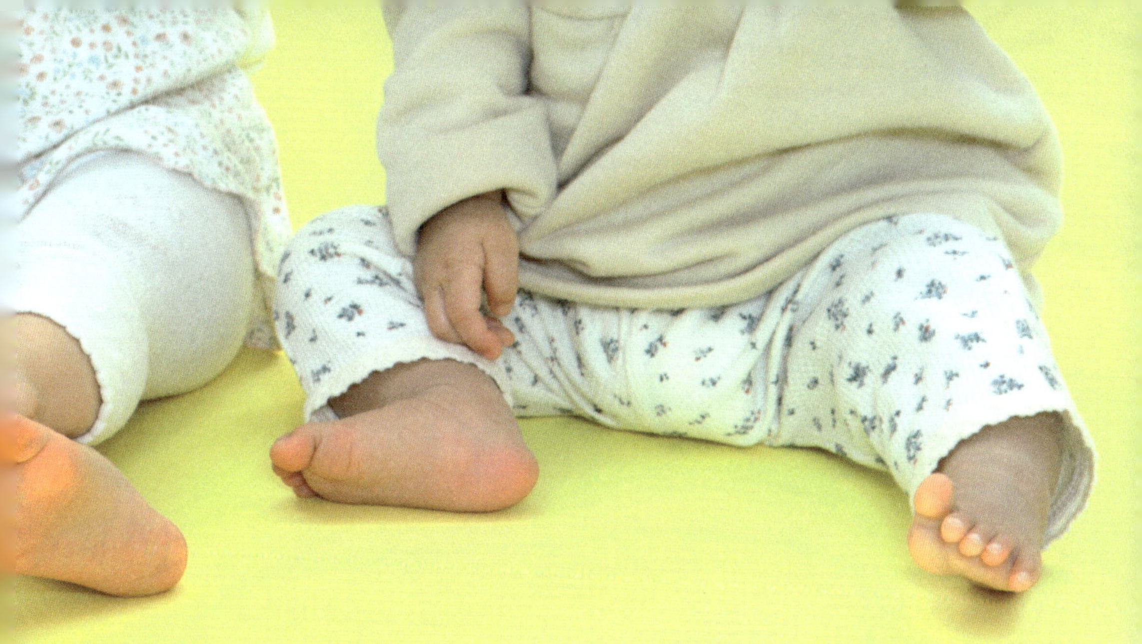

le développement affectif et psychologique

Entre 0 et 3 ans, l'enfant connaît un développement psychologique progressif, qui peut parfois sembler chaotique. De la prise de conscience de son individualité avant la phase œdipienne, en passant par la conquête de l'autonomie, il devra apprendre à canaliser ses pulsions agressives.

Le bébé est une personne, un être humain sensible et en interaction constante avec son environnement. Il est capable d'éprouver des émotions et d'être actif dans la relation. Pour autant, son individuation connaît un développement progressif.

À la naissance et jusqu'à 8 mois environ, le nourrisson ne perçoit pas que sa mère est une personne différente : il s'imagine qu'elle fait partie de lui. Lorsqu'il prend conscience de cette différence débute une période, temporaire, où il panique lorsque sa mère le quitte. À l'orée de sa deuxième année, il a déjà une certaine conscience de son individuation. Ce qui n'est pas exempt d'angoisses dues à la séparation et qui sont tout à fait normales dans son développement.

La conscience de soi... grâce à l'autre

La conscience de soi, en tant que personne autonome, est liée à la possibilité pour le bébé de se représenter séparé de sa mère. Dès la première année, il a un sens de soi émergent, qui deviendra un sens de soi verbal dans la deuxième année. Cette évolution passe par une relation fondée sur un lien affectif de bonne qualité avec la mère.

En parallèle, entre 6 et 18 mois, il découvre son image dans le miroir : c'est un moment structurant dans son développement. Cette prise de conscience de l'unité de son corps est possible grâce à la parole de l'adulte qui s'adresse à lui : « Regarde, c'est toi dans la glace ! » Dans le miroir, il reconnaît ainsi son image parce que son parent la lui montre et la lui nomme.

L'autonomie et l'apprentissage des premières règles

Autour de 1 an, l'enfant affirme aussi son autonomie grâce à l'acquisition de la marche : il peut désormais, en se tenant debout, s'identifier aux adultes et revendique alors le droit de faire les choses tout seul, « comme un grand ». Les parents doivent encourager, autant que faire se peut, cette autonomie dans la vie quotidienne. Au fil des tentatives et des succès, l'enfant renforcera sa confiance en lui.

Par ailleurs, à cet âge, il prend peu à peu conscience de ce qui lui appartient et de ce qui est à autrui, et peut commencer à se mettre à la place de l'autre. Dans un premier temps, il s'agit d'une identification en miroir. Dans un second temps, une fois acquise la différenciation de sa personne, il sera capable de véritables sentiments d'altruisme et d'empathie.

Enfin, cette étape du développement est aussi celle où il va apprendre à contrôler ses pulsions agressives et destructrices. Les difficultés de comportement, fréquentes à cet âge, ne doivent pas être trop rapidement attribuées à un trouble. Toutefois, le rôle des parents sera d'enseigner les lois fondatrices des relations sociales : interdiction de taper les autres, même si l'on est en colère, de détériorer les objets et les jouets...

Grandir ou rester petit ?

L'enfant est partagé entre le désir de grandir et l'envie de rester petit. Il aspire à l'indépendance tout en la redoutant, le désir d'autonomie accentuant les angoisses de séparation. Ces angoisses peuvent être à l'origine de sentiments inconscients, comme de la colère contre la mère. En même temps, pour se rassurer et continuer à grandir, l'enfant devra s'assurer que, dans la réalité, l'amour de ses parents est indestructible. La projection de ces angoisses sur le monde extérieur est à l'origine des phobies fréquentes qui surviennent à cet âge, en particulier au moment du coucher. L'ambivalence de l'enfant vient aussi de ses parents, partagés entre leur satisfaction de voir grandir l'enfant et la nostalgie du bébé qu'il était. Surtout si l'adorable nourrisson se métamorphose en petite tornade !

La phase d'opposition

L'enfant, qui se perçoit désormais comme un individu à part entière, avec sa pensée propre, veut le faire savoir et adopte le « non » comme mot préféré. Cette opposition, très importante dans son développement psychique, lui sert à exprimer ses désirs et signe le début du processus d'autonomisation. Il souhaite aussi savoir jusqu'où il a le droit d'aller dans sa nouvelle autonomie et « teste » en permanence ses parents pour expérimenter ses limites.

Des « terrible two » au complexe d'Œdipe

À l'issue de cette période, l'enfant a fondé son estime de soi sur de solides bases narcissiques. L'éducation lui a permis de refouler ses pulsions agressives. Il se montre capable de sollicitude et peut diversifier ses modèles d'identification. À 3 ans, il s'affirme comme sujet à part entière et est assuré de son identité sexuée. Il va pouvoir entrer dans la phase œdipienne. Que l'on se rassure : cette période – celle du sentiment amoureux envers le parent du sexe opposé – est, à bien des égards, moins compliquée pour les parents que celle qui vient de s'écouler, entre 1 et 3 ans – ce n'est pas par hasard que les psychologues anglo-saxons surnomment cette phase les *terrible two* (les « terribles deux ans ») !

La confiance et l'estime de soi

La confiance et l'estime de soi trouvent leur fondement dans les premières années de la vie. C'est dans le regard approbateur et aimant de ses parents que l'enfant va construire et consolider l'image qu'il se forge de lui-même.

L'estime de soi : une base narcissique

Le développement psychologique débute par le mouvement d'individuation, amorcé dès la fin de la première année. Puis, entre 6 et 18 mois, l'enfant découvre son image dans le miroir et en éprouve une grande satisfaction. C'est donc une période où son développement est centré sur son moi. L'intérêt et l'amour qu'il se porte passent par son image corporelle : c'est un amour narcissique.

La maîtrise de son propre corps : une étape fondamentale

La conscience de soi progresse avec la maîtrise du schéma corporel : à mesure que l'enfant acquiert une meilleure maîtrise de son corps (il apprend à marcher, puis à sauter et à courir...), il se valorise. En même temps, il recherche les regards d'encouragement des adultes, à commencer par ceux de ses parents.

Enfin, cette image positive de lui-même est renforcée par l'acquisition de la propreté. Se sentir propre, dit Françoise Dolto, est un fondement de la dignité qui perdurera toute la vie. Mais si la maîtrise sphinctérienne est source de fierté, a contrario, les régressions ou les retards dans ce domaine peuvent être ressentis avec une certaine honte.

Un attachement sécurisant

La théorie de l'attachement, développée par le psychiatre et psychanalyste anglais John Bowlby dans les années 1960, a montré que des liens forts dès la naissance, en particulier avec la mère, permettent à l'enfant de mieux surmonter les séparations et favorisent une meilleure estime de soi. En effet, c'est à travers ces premières interactions avec sa mère que l'enfant se perçoit comme digne d'être aimé et accepté. Un bon attachement maternel entraîne aussi la capacité à créer des liens solides avec ses pairs : l'enfant s'est construit un modèle flexible et sécurisant qu'il généralise aux relations avec les autres. Certes, il connaîtra de nouvelles expériences, mais son modèle relationnel de référence restera toujours celui qu'il aura connu les premières années de sa vie.

L'amour des parents, une source puissante de la confiance en soi

Avec une approche un peu différente, la psychanalyse réaffirme l'importance des soins maternels primaires pour la construction du Moi. L'amour narcissique est le reflet de l'amour reçu.

Lorsqu'il est en colère contre ses parents, l'enfant craint, de manière fantasmatique, de perdre leur confiance et leur amour. Il ne se rassurera qu'en vérifiant que ces liens affectifs ne sont pas menacés. Cette capacité à garder en lui des images rassurantes, étayées par l'amour de ses parents et résistantes à l'agressivité, est une source puissante de la confiance en soi.

L'attachement

La relation d'attachement est essentielle pour que l'enfant acquière une bonne estime de lui-même. Un attachement sécurisant lui permet d'avoir confiance en ses parents : ils savent répondre à ses émotions en lui apportant apaisement et réconfort et sont là pour trouver une solution à ses problèmes. Rassuré, l'enfant peut affronter les absences et les premières séparations sans panique.

Tisser des liens forts

- **L'attitude de surprotection ne favorise pas une bonne relation d'attachement parent-enfant.** Encouragez plutôt tous ses petits succès, valorisez ce qu'il accomplit sans votre aide, ne décidez pas de tout à sa place. Il prendra alors confiance en lui et aura envie d'aller de l'avant.

- **À l'inverse, ne négligez pas votre rôle en le laissant tenter des expériences au-dessus de ses capacités pour l'« endurcir ».**

- **Partagez chaque jour un moment privilégié avec lui.** Proposez-lui de faire de nouvelles expériences : apprendre à se laver seul, à s'habiller, à préparer un plat simple avec vous... Ces moments de complicité et de plaisir réciproque renforceront la relation de confiance.

- **Les rituels simples et agréables que vous partagez au quotidien donnent à l'enfant un profond sentiment de sécurité.** L'histoire du soir, la petite comptine racontée en se préparant le matin sont des moments forts de sa journée, ne les oubliez pas, ne les bâclez pas !

L'estime de soi

Ses parents sont des modèles pour l'enfant, qui construit sa personnalité en les imitant, ressent leur fierté à sa moindre réussite, leur empathie en cas d'échec. C'est ainsi que les enfants prennent confiance en eux. Sûrs d'être aimés et compris, ils sont prêts pour les expériences positives comme pour les frustrations. Ils ont conscience d'avoir de plus en plus de capacités, se sentent reconnus, bien dans leur corps. Ces éléments sont fondamentaux pour leur développement affectif.

L'estime de soi permet d'apprendre à se connaître et de prendre conscience de sa valeur. Elle donne de l'énergie pour réagir devant une situation difficile.

Le plein d'attention

- **Entre 1 et 3 ans, les enfants sont très « concrets », il faut souvent leur rappeler qu'on les aime avec des paroles mais aussi grâce à des gestes :** n'hésitez pas à les applaudir pour les féliciter, à les cajoler ou à les serrer fort dans vos bras. Ces attentions visibles et palpables sont très importantes.

- **Pour montrer à votre enfant qu'il grandit, faites souvent l'inventaire à voix haute de tout ce qu'il est désormais capable de faire.** Commencez à lui donner de toutes petites responsabilités au quotidien.

- **Laissez-le prendre ses premières décisions :** ses lectures à la bibliothèque, la couleur de son tee-shirt, le parfum de sa glace... Il sera très fier de lui !

- **Laissez-lui le plaisir de se sentir compétent.** Il sera fier de vous demander un pull parce qu'il a froid, un jeu parce qu'il s'ennuie, vos bras parce qu'il est fatigué de marcher. Si vous anticipez ses besoins ou ses désirs, il n'aura pas la possibilité de les exprimer lui-même.

- **Pensez à toujours respecter vos promesses.**

L'empathie

Un enfant qui reçoit suffisamment d'affection lorsqu'il est petit, en étant apaisé en cas d'échec, sera peu sujet à des crises de colère. Il saura rapidement exprimer ses besoins et ses déceptions par des mots plutôt que par des cris et aura confiance en ses parents, qui lui reconnaîtront le droit d'être contrarié et sauront se montrer compatissants. L'empathie est un puissant soutien affectif qui lui montre que ses parents sont toujours à son écoute, prêts à l'aider à résoudre ses problèmes. Un sentiment qu'il mettra à son tour à profit en grandissant en ayant de bonnes relations avec les autres.

Être là quand il faut

- **Soyez le soutien moral de votre enfant :** consolez-le dans les moments difficiles, ne le rejetez pas si son comportement vous déplaît.

- **Un enfant qui a vécu plusieurs émotions fortes dans sa journée peut parfois se mettre à pleurer.** Laissez-le s'apaiser en mettant des mots sur ce qui lui arrive : « Tu as eu une journée fatigante. Ce n'est parfois pas facile d'être petit, mais heureusement maman et papa sont là pour te consoler... »

- **Entre 1 et 3 ans, un enfant est trop petit pour trouver les mots justes qui décrivent ses émotions.** Nommez-les d'une voix calme et attentionnée : « Je vois que tu es en colère, malheureux, que tu n'es pas content... »

- **À partir de 2 ans, montrez-lui qu'il faut aussi avoir de la compassion et de l'intérêt pour les soucis des autres.** Cela lui permettra d'être fier de consoler à son tour, de trouver une solution pacifique lors d'un conflit entre petits camarades.

Favoriser ses compétences

Un enfant a besoin de ses parents pour valoriser son potentiel et ses facultés. Il est donc important, dès le plus jeune âge, de ne pas l'enfermer dans un jugement définitif : « timide », « lent », « agité », « agressif », « peureux », « maladroit », car il risque de s'identifier à ce qu'on dit de lui. Entre 1 et 3 ans, il est en plein développement, il faut donc le soutenir dans son apprentissage, lui renvoyer une image positive pour améliorer ses capacités et son comportement.

Non aux étiquettes

- **Soulignez les qualités et les réussites de votre enfant.** Commentez-les, montrez votre satisfaction lorsqu'il réussit une activité, se comporte gentiment : il sera fier de lui et aura envie de reproduire ce qu'il a réussi.

- **Évitez les commentaires déplaisants en sa présence :** « Il a toujours eu la bougeotte, même dans mon ventre » ou « Dès qu'il entre dans une pièce, il faut qu'il trouve une bêtise à faire ». Mieux vaut le valoriser en montrant qu'il est tonique, sportif et curieux.

- **Un enfant passe beaucoup de temps à attendre.** Commentez sa patience lorsqu'il est bloqué dans sa poussette et que vous faites la queue dans un magasin ou que vous attendez vos autres enfants à la sortie de l'école.

- **Donnez-lui confiance en ses capacités.** Pour cela, décrivez les étapes qui lui ont permis de réussir ce qu'il a entrepris.

- **Adressez-vous à lui avec des phrases positives :** « Tu as un peu peur, c'est normal au début », plutôt que « C'est idiot d'avoir peur ! » ; ou « C'est un peu difficile quand on est petit de mettre ses chaussures », plutôt que « Tu as encore mis tes chaussures à l'envers ! ».

- **Bannissez de votre vocabulaire certains mots :** « Tu es méchant », « Tu es vilain », « Tu es maladroit ».

L'anxiété et le manque d'assurance

Vers 2 ans, un enfant commence à se faire une image de lui, qui correspond souvent à celle que lui renvoie son entourage. Des difficultés apparaissent parfois lorsqu'il ne peut pas trouver ses propres repères, car il est toujours en compétition avec les plus grands de la famille ou surprotégé. Cette dépendance excessive peut ralentir les apprentissages et amener un repli sur soi.

Lui donner confiance en ses capacités

- **Invitez des amis dont l'enfant a le même âge que le vôtre.** Chez lui, votre enfant sera plus à l'aise et jouera plus facilement avec un inconnu. Commencez à jouer avec eux, puis éloignez-vous. Faites-lui remarquer qu'il sait s'amuser sans vous et tâchez d'éviter que le grand frère ou la grande sœur ne se joigne systématiquement à ses activités.

- **Le jeu partagé renforce la confiance en soi.** Une ou deux fois par semaine, jouez avec lui en le laissant libre de choisir le jeu ou l'activité et de les diriger. Parlez de son inventivité, de sa capacité à organiser un jeu et insistez sur le plaisir que vous y prenez.

- **Évitez les jeux compétitifs, avec un gagnant et un perdant.** Privilégiez les jeux libres de toute contrainte (faire semblant, jeux de balles, peinture...) qui sont d'excellentes activités antistress.

- **Multipliez les tâches valorisantes.** Elles permettent à l'enfant de s'affirmer et lui montrent qu'il est capable de faire bien tout seul. Applaudissez l'efficacité de ses stratégies ou la justesse de ses réponses.

La timidité

La timidité peut faire partie intégrante de la personnalité ou se manifester occasionnellement. Pour se sentir en sécurité, le petit timide a besoin du contact physique avec son parent. Il évite les jeux collectifs à la crèche et craint tout ce qui vient rompre la routine. La règle d'or pour le mettre à l'aise est de ne jamais le brusquer, ni de le forcer au contact, mais plutôt de lui montrer comment fortifier petit à petit sa capacité à s'ouvrir aux autres.

Apprivoiser sans contraindre

- **N'obligez pas votre enfant à être sociable.** Mais sortez souvent en sa compagnie, montrez à chaque fois tout le plaisir que vous avez à voir des amis, à discuter chez les commerçants.

- **Lorsqu'il y a du monde, proposez à votre enfant une occupation valorisante :** offrir le bouquet de fleurs lorsque vous êtes invité, proposer les biscuits d'apéritif lorsque vous recevez des amis... Il sera fier de bien remplir sa mission.

- **S'il refuse de saluer vos amis ou les membres de la famille, ne dites pas devant lui qu'il est timide, craintif ou peureux.** Expliquez simplement à vos proches qu'il aime prendre son temps avant de saluer ou qu'il n'est pas enclin aux bisous, sans insister.

- **Les enfants timides, plus que les autres, ont besoin de savoir ce qui va arriver, qui va s'occuper d'eux, comment s'organisera leur journée.** Parlez-lui du programme de la journée ou de la sortie : « Tu regarderas d'abord les enfants jouer avant de prendre part à leurs activités » ou « Tu ne seras pas obligé de faire des bisous à tout le monde, tu pourras faire juste un petit salut de la main »...

L'autorité

L'autorité ne repose ni sur la peur ou la menace ni sur la force. Elle est l'expression des notions de permis et d'interdit, de bien et de mal, au fondement même de l'éducation.

En réfléchissant à la notion d'autorité, la philosophe Hannah Arendt a montré qu'on n'impose pas son autorité parce qu'on est le plus fort, mais parce qu'on occupe une place symbolique reconnue. Quand on est parents, cette place est donnée par la différence de générations. Mordre un enfant qui a mordu, par exemple, ce n'est pas faire preuve d'autorité : c'est appliquer la loi du talion. Nul besoin donc de menacer ou de crier pour se faire obéir : il ne s'agirait que d'une démonstration de force et non d'autorité.

Autorité rime avec autoriser

Le pédopsychiatre Daniel Marcelli souligne que le mot « autorité » appartient à la même famille que le verbe « autoriser ». Obéir est, d'un certain point de vue, un choix de l'enfant, ce n'est pas une soumission. « Il doit être permis d'obéir », ajoute-t-il. Dans la vie quotidienne, il est nécessaire que les parents disent « non » avec une certaine fermeté. Généralement, le ton suffit pour que l'enfant, qui a appris à bien connaître ses parents, comprenne qu'il est temps d'obtempérer. Les adultes n'ont pas besoin de se mettre en colère. L'irritation mal contenue de ses parents est inquiétante pour l'enfant, mais aussi excitante : il aura tendance, inconsciemment, à reproduire ce mystérieux pouvoir afin de la provoquer à nouveau.

Le regard et la parole

La perception de l'autorité par le tout-petit repose sur deux éléments essentiels : le regard et la parole. L'enfant cherche le regard de l'adulte quand il commence à intégrer les interdits. Il se tourne vers le parent, parfois avec un peu de défi. Il attend une approbation avant de passer à l'acte, ou la confirmation d'un interdit déjà connu. Le regard est une demande d'autorisation. En retour, le regard de l'adulte approuve ou désapprouve, mais aussi sécurise. Renforcé par la parole et par le ton, le regard rassure en indiquant la présence de l'adulte. C'est de cette manière que l'enfant intériorise les interdits.

Une autorité bienveillante, mais ferme

Tout en reconnaissant la nécessité d'une autorité ferme, les parents ont parfois du mal à l'exercer. Les enfants, par leurs bêtises ou leurs colères, craignent de perdre l'amour de leurs parents. Mais l'inverse est également vrai pour les parents lorsqu'ils doivent punir. Or, quand on fixe des limites ou que l'on pose des sanctions, il est important de pouvoir les appliquer sans culpabiliser. Il est donc inutile et négatif de menacer d'une punition déraisonnable ou inapplicable dictée par la colère.

Et la négociation ? Elle est parfois utile, mais ce n'est pas une base de l'autorité et il faut éviter d'y recourir systématiquement.

Il est important de parler aux enfants, mais sans entrer dans des discussions interminables chaque fois qu'on leur demande d'obéir. « Non » est une phrase à part entière lorsque l'enfant connaît l'interdit et l'a intériorisé. Vous pouvez très bien dire à un enfant que vous comprenez sa frustration mais que son comportement n'est pas acceptable.

Enfin, il faut à tout prix résister aux réprimandes ou aux punitions humiliantes ou vexantes, au risque d'entacher durablement l'image que l'enfant s'approprie et qui se construit à partir de celle que vous lui renvoyez. Si vous traversez une période particulièrement difficile, notamment au moment de la période d'opposition, entre 2 et 3 ans, n'enfermez jamais le tout-petit dans un jugement définitif. Il s'agit d'une phase nécessaire de son développement et il faut savoir y répondre de manière adaptée : avec amour et fermeté.

Adapter son comportement aux capacités de l'enfant

Entre 12 et 18 mois, un enfant a envie de toucher à tout et a du mal à résister aux tentations qui s'offrent à lui. Pour qu'il comprenne qu'il ne doit pas jouer avec certains objets, une seule méthode est efficace : lui adresser une injonction une seule fois, fermement mais sans crier, puis intervenir immédiatement après afin de le détourner de son but. Cette attitude va mettre en place la notion du « non ». Proposer à l'enfant une activité distrayante lui évite aussi de réagir automatiquement par la colère à la moindre contrariété.

Avant 2 ans, il est difficile pour l'enfant de comprendre un interdit

- **On a souvent tendance à dire qu'un enfant fait un caprice lorsqu'il réagit avec colère aux interdits parentaux.** On ne peut pourtant pas parler de caprice avant 3 ans, car ses capacités intellectuelles ne lui permettent pas encore de développer les stratégies nécessaires à un tel comportement.

- **Lorsque vous formulez un interdit, il est important de lui dire clairement ce que vous attendez de lui.** Dites : « Je ne veux pas que tu touches à l'ordinateur », plutôt que « Tu es en train de faire une bêtise ».

- **Ne le traitez pas comme un « grand » trop tôt.** Avant 3 ans, il lui est très difficile de comprendre la logique d'un interdit. Plus que l'interdit, c'est votre vigilance qui le préservera de son impulsivité.

- **Les tout-petits ont du mal à saisir que le refus d'un adulte est valable dans la durée et dans d'autres situations.** Ils ont besoin que la consigne leur soit répétée très régulièrement pour vraiment l'enregistrer.

Lui donner envie d'obéir

Entre 18 mois et 2 ans, l'enfant est en pleine quête d'indépendance. Pour lui donner envie d'obéir, il faut tout d'abord favoriser toutes les petites activités qu'il peut accomplir seul. Ces premières expériences s'accompagneront de consignes très simples. Il sera félicité dès qu'il les respectera. Fier de lui, il sera alors naturellement plus enclin à l'obéissance. À l'inverse, si tout lui est interdit sans raison, l'enfant n'aura qu'une envie... jouer à contrarier ses parents !

Les premières consignes

● **Lorsque vous formulez une consigne, ne la répétez pas plusieurs fois :** l'enfant risque de prendre très tôt l'habitude de n'obéir qu'au troisième ou quatrième rappel. S'il n'obéit pas, prenez-le par la main, faites-lui appliquer la consigne que vous lui avez donnée sans prononcer un mot. Ce n'est qu'ensuite que vous lui parlerez en lui conseillant, sur un ton neutre, d'obéir immédiatement la prochaine fois. Un exercice à recommencer quatre ou cinq fois avant qu'il porte ses fruits.

● **Accordez la priorité, lorsque vous donnez vos premières consignes, à celles qui lui sont agréables ou qui le responsabilisent :** « Va te déshabiller tout seul, je suis sûre que tu vas le faire plus vite que si je le fais avec toi » ou « Va retrouver ton doudou dans ton lit et préviens-le que j'arrive dans cinq minutes pour vous raconter, à tous les deux, l'histoire du soir ».

● **Lorsque vous voulez qu'il obéisse, ne le menacez pas, ne prenez pas un ton autoritaire, ne criez pas de l'autre bout de la pièce :** mettez-vous à sa hauteur et parlez normalement en vous exprimant avec des mots simples.

Savoir dire non

Il est important d'exprimer clairement les interdits et, surtout, de tenir sa parole. Si ses parents interviennent toujours de la même façon, en employant les mêmes mots, un petit enfant arrivera à comprendre ce qu'ils attendent de lui. Le « non », formulé par un adulte, peut être compris par un tout-petit dès 1 an. Il permet de fixer les limites et, de ce fait, sécurise l'enfant.

Douceur et fermeté

- **Les petits sont concrets.** Après avoir dit non à un enfant de 2 ans, n'hésitez pas à lui montrer dans un livre, ou en jouant avec des personnages, les dangers de telle ou telle situation et la raison de votre interdit. Cela aura beaucoup plus de poids qu'une longue explication.

- **Ne criez pas votre « non » en montrant de la colère ou de l'énervement.** Les petits réagissent fortement aux réactions de leurs parents. Les expressions faciales liées à la colère leur font peur, le ton exaspéré les attriste et leur donne l'impression qu'ils sont incompétents et maladroits.

- **Les règles au quotidien doivent être adaptées à l'âge de l'enfant.** Moins elles seront nombreuses, plus elles seront efficaces.

- **Pour aider votre enfant à obéir, laissez-lui parfois le choix entre deux solutions plutôt que de lui imposer systématiquement la vôtre.**

Les comportements « difficiles »

Lorsque les parents obligent un petit enfant à respecter une consigne, il peut exprimer son refus en adoptant un comportement désagréable : mordre, taper, pousser, cracher… Des comportements inadéquats qu'il risque d'adopter aussi bien à la crèche qu'à la maison. Pour que cela cesse, on peut l'isoler afin de lui montrer qu'il n'a pas choisi la bonne tactique pour communiquer avec les autres. On peut aussi apprendre à un enfant dès 2 ans à réparer ses torts. Cela développera chez lui le sentiment de bien faire, qui l'aidera à s'affirmer sans agressivité.

Adopter une attitude positive

- **Apprenez à votre enfant à exprimer avec des mots ce qu'il ressent.** Lorsqu'il réussira à exprimer ses émotions par des mots au lieu d'avoir un geste agressif, félicitez-le.

- **Pour freiner son impulsivité, passez du temps avec lui.** Consacrez-lui entièrement au moins quinze minutes par jour pour répondre à son besoin d'attention.

- **Faites en sorte de l'amener à coopérer lors de vos sorties en public.** S'il a une petite mission à remplir au supermarché, il sera moins tenté de courir dans tous les sens et d'être ensuite rappelé à l'ordre. Si vous lui demandez d'aider un plus petit que lui à grimper à l'échelle du toboggan, il sera moins tenté de le pousser pour prendre sa place.

- **Ne le grondez pas en public.** S'il a agi de façon répréhensible, mettez-vous à l'écart et discutez avec le petit fautif en tête à tête.

Donner le bon exemple

Même si ce n'est pas toujours facile, les parents doivent donner le bon exemple et mettre en place ensemble les règles familiales. L'enfant saura dès son plus jeune âge que ses parents s'accordent sur son éducation, que les règles sont toujours appliquées de la même manière et ne changent pas suivant l'humeur du moment. Des repères essentiels qui lui permettront de ne pas se sentir perdu face à un parent dont le comportement, dans la vie de tous les jours, est agressif, trop autoritaire ou trop laxiste.

Un comportement stable

- **Évitez les exclamations de colère et bannissez de votre vocabulaire les mots méprisants ou moqueurs à l'égard des autres.** Entre 2 et 3 ans, faire comme les grands est en effet un objectif primordial pour un enfant.

- **Essayez d'agir comme vous aimeriez voir votre enfant le faire.** Acceptez d'être imparfait à une seule condition : tirez les leçons de vos erreurs en lui montrant qu'il peut vous arriver à vous aussi de vous tromper, de crier, de vous énerver parce que vous avez perdu votre sang-froid. Dans ce cas, excusez-vous pour lui montrer que vous réagissez toujours avec droiture même quand votre comportement laisse à désirer.

- **Si vous avez un petit conflit à régler entre conjoints, ne le faites pas en sa présence, en parlant fort ou en criant.** Il pensera que c'est ainsi qu'il pourra lui aussi s'exprimer en cas de problème.

- **Donner une tape n'a rien d'éducatif.** C'est même un contre-exemple : vous faites à l'enfant ce que vous lui interdisez de faire.

La méthode Faber et Mazlish

▸ **Adèle Faber et Elaine Mazlish, deux Américaines, ont développé dans les années 1970 une « méthode » de communication familiale,** pour aider les parents à instaurer un climat d'harmonie avec leurs enfants. Écoute mutuelle, respect des besoins de chacun, amélioration de l'autonomie, conflits désamorcés… sont les fondements de cette approche sensible et respectueuse qui diminue le stress et augmente les gratifications, tant pour les adultes que pour les enfants.

▸ **Depuis, cette méthode a essaimé et a donné naissance à des ateliers partout dans le monde** pour apprendre aux parents comment s'y prendre avec les frustrations, les déceptions, les colères de leur enfant.

▸ **On y comprend comment :**

– susciter chez l'enfant le désir de coopérer ;

– mettre des limites fermes tout en conservant un climat d'ouverture ;

– éviter le recours à la punition ;

– favoriser l'image positive de l'enfant ;

– résoudre les conflits familiaux dans une atmosphère de calme.

Les colères

La colère fait partie des manifestations émotives normales d'un enfant entre 2 et 3 ans. Les crises de colère, parfois très violentes, correspondent à la phase de développement où il affirme sa personnalité en s'opposant.

Entre 2 et 3 ans, la moindre contrariété ou une lubie passagère suffisent à déclencher des colères qui nous semblent souvent disproportionnées. Ces colères expriment une part de l'agressivité fantasmatique inconsciente. Au-delà de l'expression pulsionnelle, l'enfant est prisonnier d'un conflit interne. Ce qu'il veut, il l'exige, et, d'une certaine manière, il ne peut pas faire autrement.

Dans son apprentissage de l'autonomie, il cherche à expérimenter les limites du moi. Ses refus systématiques et ses oppositions n'expriment pas un refus ferme et définitif des règles mais, au contraire, une volonté de se voir fixer des limites, à la fois structurantes et rassurantes.

Par la colère, il cherche des limites, qui sont également des limites corporelles. Son individuation psychique, la conscience des frontières de son image corporelle sont encore fragiles. Les limites du moi sont floues, l'enfant se trouve dans un état de relative confusion, il est « hors de lui » et pas toujours réceptif aux paroles.

Ne pas entrer dans le jeu de la colère et de la violence

Les parents ont beau savoir que les colères font partie du développement normal et qu'elles sont nécessaires à l'affirmation de l'enfant face à eux, il n'en demeure pas moins qu'il n'est pas toujours aisé de savoir comment réagir. Devant une colère qui s'apparente à un état de rage – l'enfant se roule par terre ou se cogne la tête –, on reste parfois démuni. Dans un lieu public, l'enfant est sensible au désarroi que cette crise provoque chez ses parents sous le regard de tous. Quand l'enjeu n'est pas essentiel, il vaut mieux ne pas entrer en conflit : il importe avant tout d'empêcher que l'enfant ne se mette en danger. Mieux vaut parfois détourner le conflit, le transformer en jeu ou en câlin selon les circonstances, car l'enfant est généralement très mal à ce moment-là. Cette réponse entraîne un effet de surprise positif, car l'enfant attend le conflit. Si le contact corporel n'est pas vécu agressivement, le contenir chaleureusement peut le rassurer et l'aider à se calmer, en lui confirmant qu'il n'a pas perdu l'amour de ses parents.

Être ferme et bienveillant

Le tout-petit est très sensible aux réactions de désarroi ou de colère qu'il provoque. C'est pourquoi, face à une situation difficile, il est important d'être attentif à ce que cette colère réveille en nous.

Essayer de mettre des mots sur les sentiments que cela provoque en nous, c'est le meilleur moyen de prendre de la distance. La colère et l'énervement de l'adulte à l'égard de l'enfant sont source à la fois de crainte et d'excitation. Ce mode de relation risque de se pérenniser lorsque les deux partenaires sont dans une position en miroir : chacun se dit que c'est à l'autre de céder. Si les parents justifient leur autorité comme légitime, l'enfant, de son côté, met dans la balance la force de son obstination et de son entêtement. N'entamez pas un bras de fer, restez ferme et bienveillant.

Les colères de frustration

La colère est une émotion nécessaire et normale, qu'il est important de ressentir de temps en temps.

Entre 1 et 3 ans, c'est le bon moment pour apprendre que l'on n'obtient pas tout ce que l'on veut en criant ou en pleurant. Les parents doivent seulement veiller à ne pas laisser l'enfant submergé par une crise de colère qui ne servirait qu'à l'épuiser nerveusement sans qu'il parvienne à modifier son comportement.

Fermer la porte à la colère

- **Lorsque votre enfant se met en colère, évitez de vous mettre en colère à votre tour.** Il risque de penser que c'est un comportement normal et essaiera de se montrer à la hauteur en criant plus fort que vous.

- **Expliquez-lui clairement qu'il ne doit pas, à la moindre contrariété, taper sur ses jouets ou jeter les objets à travers la pièce.** Trouvez-lui un jeu de remplacement. Cette habitude de lancer, de taper, s'oubliera vite.

- **Plutôt que de vous énerver à votre tour, proposez-lui une distraction « chasse-colère » :** s'allonger sur le sol et chasser la colère de son corps, enfermer sa colère dans un gros sac, faire quelques bulles de savon… Ce genre d'astuce empêche souvent la situation de dégénérer en grosse crise.

- **Pour qu'un enfant tolère plus facilement la frustration due au refus ou au report d'une activité, donnez-lui en échange des motifs de satisfaction :** « C'est trop tard pour aller au parc, mais on peut lire une histoire tous les deux. » « Ce n'est pas l'heure de prendre le bain, mais on peut faire un dessin. »

Les colères de détresse

Les parents ont un rôle important à jouer pour apprendre à un enfant, dès le plus jeune âge, à tempérer, à faire tomber ses colères en douceur, à évacuer rapidement l'intense émotion qui le submerge, mais c'est parfois difficile. Les colères de détresse sont souvent dues à une séparation, à une peur ou à une situation imprévue et perturbante. La meilleure des attitudes est de ne pas se laisser emporter à son tour par une réaction trop vive. Si l'enfant voit que sa crise inquiète et déstabilise ses parents, il risque de se sentir tout-puissant… et les crises auront tendance à se multiplier.

Ne pas montrer son inquiétude

- **Durant une crise, les échanges entre l'enfant et le parent se font essentiellement par le regard :** ne laissez passer ni crainte ni colère dans vos yeux.

- **Lorsque la colère le submerge, parlez-lui doucement pour le rassurer.** Expliquez-lui qu'il a le droit d'être en colère, mais que cela va passer. Il comprendra qu'il n'est pas abandonné seul face à cette émotion qui le submerge et que vous êtes là pour lui procurer sécurité et réconfort.

- **Dès que la crise perd de son intensité et s'il le permet, prenez-le dans vos bras.** Proposez-lui de respirer ensemble profondément.

- **Vous pouvez aussi lui proposer un massage :** tenez-le sur vos genoux en l'entourant de vos bras.

- **Les grosses crises de colère sont souvent suivies de nuits à cauchemars.** Veillez, ces jours-là, à ce que le rituel du coucher soit de qualité et pas trop proche de la crise.

- **La musique et le chant ont un réel pouvoir apaisant :** installez-vous ensemble confortablement et chantez une comptine.

Le spasme du sanglot

Les spasmes du sanglot, qui peuvent survenir lors des crises de colère, font souvent suite à une grosse peur ou à une forte contrariété. Après les sanglots, l'enfant n'arrive plus à reprendre sa respiration, son visage change de couleur et il paraît perdre conscience. C'est impressionnant, mais il ne court aucun risque, car, après une apnée de courte durée, par réflexe, il expulsera l'air de ses poumons bien avant d'être en danger. Le spasme du sanglot est la cause la plus fréquente de syncope chez les enfants de cet âge. Généralement chez les garçons, il prend une forme plus active, alors que les filles deviennent plus pâles et hypotoniques. Cela n'a rien à voir avec une crise d'épilepsie, car la cause n'en est pas neurologique.

Bien réagir en cas de crise

Trois gestes simples peuvent soulager l'enfant :

- souffler doucement sur son visage ;
- vaporiser un léger nuage d'eau minérale autour de son visage ;
- aérer la pièce en ouvrant la fenêtre.

Deux écueils à éviter :

- céder à l'enfant lors d'une prochaine colère pour éviter une nouvelle crise ;
- dramatiser la crise : plus les adultes sont sensibles ou impressionnables, plus la survenue de ces spasmes est facilitée.

Un terrain familial

- Les parents d'enfants qui font des crises de spasme du sanglot en ont souvent fait, eux-mêmes, lorsqu'ils étaient petits.

La crise d'opposition

La crise d'opposition est la manifestation d'un besoin d'autonomie et d'indépendance, indispensable à la construction de la confiance en soi. Cette phase d'affirmation, normale et temporaire, apparaît généralement entre 18 et 30 mois. Au cours de cette période, l'enfant découvre qu'il a un immense pouvoir, celui de s'opposer aux parents, de crier, de dire « non ». Ces mouvements d'humeur lui permettent de tester ses parents. Ils leur permettent aussi, en retour, d'expérimenter des limites, indispensables à sa construction. Il doit sentir que ses parents savent résister à ses multiples revendications avec fermeté, tout en le laissant s'affirmer.

Les colères à 2 ans

- **Si votre enfant aime dire « non » à tout, adoptez en réaction une attitude résolument positive.** Vous êtes son exemple. Si vous passez votre temps à lui dire « non », il fera comme vous. Dites : « Oui, je te laisse sortir de ta poussette si tu arrêtes de crier immédiatement », plutôt que : « Ne crie pas comme ça ! »

- **Préférez l'emploi du « je » à celui du « tu ».** Dites : « Je ne veux pas que tu montes sur la table », plutôt que : « Tu ne dois pas monter sur la table. » Votre enfant comprendra ainsi plus facilement que c'est vous qui prenez les décisions.

- **Essayez de détourner sa tentative de colère.** Ne la commentez pas, ignorez-la ou proposez-lui une activité nouvelle.

- **Ne marchandez jamais en promettant une récompense pour éviter une crise.** Votre enfant risquerait d'utiliser systématiquement l'arme de la colère pour obtenir ce qu'il veut.

Les colères en public

Lorsqu'il sort avec son enfant, le parent doit établir clairement les limites de ce qui est autorisé et défendu en dehors de la maison. Ces recommandations, même si elles n'évitent pas toujours les crises de colère, permettent d'intérioriser certaines règles. En public, l'enfant se sent plus fort. La meilleure des solutions consiste à l'isoler pour le calmer.

Contrôler la situation

▸ **Avant d'entrer dans un lieu public, expliquez à votre enfant ce que vous attendez de lui et ce qui est permis :** regarder les journaux chez le médecin, remplir le sachet de pommes au supermarché. Tout à son plaisir d'accomplir ses missions, il sera moins tenté de mal se comporter.

▸ **Dans un magasin, faites semblant de ne pas trouver certains produits et demandez-lui de les chercher.** Lorsque vous attendez aux caisses, amusez-vous ensemble à compter les articles que vous avez dans votre panier.

▸ **S'il commence à courir dans les allées,** prenez-le par la main, retirez-vous dans un endroit calme et rappelez-lui les consignes.

▸ **S'il crie ou s'agite, prenez-le fermement par la main ou dans vos bras, toujours à l'abri des regards.** Parlez-lui doucement en attendant que la crise de colère passe.

▸ **Juste après la crise, dès que vous avez à nouveau son attention,** rappelez-lui tout ce qu'il a le droit de faire ou non dans le lieu que vous venez de quitter. Demandez-lui s'il se sent prêt à y retourner calmement une autre fois.

L'agressivité physique

La bouche d'un enfant lui sert à explorer le monde, mais elle peut aussi lui servir à mordiller. À 1 an, mordre n'est qu'un comportement maladroit. Après 18 mois, lorsque l'enfant cherche à s'affirmer, ce geste a un sens plus agressif. Certains enfants poussent les autres, frappent ou mordent pour exprimer leur irritabilité ou décharger une tension. Ces comportements, bien que tout à fait normaux, sont inacceptables. Les parents doivent réussir à proposer à leur enfant des solutions non agressives pour exprimer sa colère sans faire de tort aux autres.

C'est défendu de faire mal aux autres

- **Une formule qu'il faut d'abord adopter soi-même !** Il est incohérent de faire mal à un enfant en le tapant ou en le fessant, par exemple, tout en lui expliquant que taper est formellement interdit.

- **« J'ai envie de te manger », « Je vais croquer ta petite oreille » !** Certains très jeunes mordeurs ont intégré qu'il était « gentil » de mordre en voyant leurs parents leur mordiller le pied ou l'oreille. Accompagnez plutôt les câlins ou les jeux d'autres gestes tendres, pour que votre enfant sache aussi caresser doucement un visage ou des cheveux.

- **Inutile de demander à un enfant de 2 ans de s'excuser s'il s'est mal comporté.** À cet âge, il n'a pas la capacité d'éprouver un sentiment de regret. Adoptez un ton ferme pour lui montrer que vous n'acceptez pas son geste agressif, puis aidez-le à manifester sa colère avec des mots.

- **Demandez-lui de remplacer la tape ou la morsure par un bisou ou une caresse.**

- **Il faut compter quelques semaines pour modifier un comportement difficile.** Ne baissez pas les bras trop vite. Soyez constant dans vos consignes, réutilisez à chaque fois les mêmes mots pour rappeler à l'enfant ce qu'il ne faut pas qu'il fasse.

Les peurs

Peur du noir, des monstres, des sorcières, des méchants d'un livre... : les peurs sont tout à fait normales et participent au développement de l'enfant. Il est néanmoins possible de les canaliser en douceur.

Pour expliquer les peurs, il faut remonter à ce que René Spitz, un psychiatre et psychanalyste américain, a décrit sous le nom d'« angoisse de l'étranger » et qui apparaît chez le bébé entre 8 et 9 mois. Si un étranger s'approche, même avec les meilleures intentions du monde, il cherche refuge auprès de sa mère, qu'il différencie désormais très clairement des autres et de lui-même. Il est angoissé lorsqu'elle le laisse, alors qu'il y était indifférent les premiers mois. Il s'agit d'une étape structurante du développement. A contrario, l'absence totale d'angoisse serait préoccupante, car elle pourrait traduire une difficulté de l'enfant dans la conscience de son individuation.

Il faut donc lui apprendre à se séparer temporairement de sa mère en le rassurant, en lui parlant, en lui annonçant son départ, puis son retour. La séparation évoquée et préparée ne sera pas traumatisante et l'enfant vérifiera que toute séparation est suivie de retrouvailles.

Peurs et phobies d'origine fantasmatique

Les angoisses de séparation précèdent les autres angoisses, qui vont apparaître pendant la deuxième année, souvent sous la forme de peurs ou de phobies – angoisses qui ne concernent qu'un objet ou une situation bien définis.

Une des premières craintes est celle du noir. Survenant généralement au moment du coucher, cette peur se situe dans la continuité de l'angoisse de séparation. De plus, dans l'obscurité, l'enfant ne voit plus sa mère et perd ses repères. C'est pourquoi il est bon de laisser une petite lumière ou une veilleuse allumée au moment de l'endormissement si l'enfant le souhaite.

Toutes les peurs courantes des enfants trouvent leur source dans leur monde interne, qu'ils projettent dans le monde extérieur. L'origine psychique de ces peurs explique qu'elles soient irrationnelles pour les adultes. L'enfant déplace ses angoisses sur des personnages qui sont les produits de ses fantasmes et de son imagination.

Les phobies évoluent avec l'âge. Certaines apparaissent plus tard, comme la peur des gros animaux (chiens, loups...). Plus tard encore, il s'agira davantage des phobies des petits animaux.

Des armes contre l'angoisse

La préparation au coucher est importante, car c'est à ce moment-là que les angoisses et les peurs sont les plus fréquentes. En dehors du doudou, qui va aider l'enfant à mieux vivre cette perspective de séparation, les rituels du coucher sont d'excellentes armes contre l'angoisse. Ainsi, la lecture d'histoires constitue un moment privilégié. Tous les récits conviennent, du moment qu'ils sont adaptés à l'âge des enfants. Leurs histoires favorites sont souvent celles qui font « un peu peur », à condition que la narration reste immuable, car c'est le caractère répétitif qui permet de surmonter les peurs.

D'une manière générale, il faut à tout prix éviter de confronter l'enfant à ses peurs, au noir par exemple, sous prétexte de lui apprendre à y faire face. C'est une attitude violente et inefficace qui peut accentuer les angoisses, voire en créer d'autres.

L'angoisse de la séparation

Entre 12 et 18 mois, l'enfant a souvent du mal à quitter ses parents, à les voir s'éloigner. Même s'il a déjà expérimenté la séparation et sait qu'ils reviennent toujours, il développe encore des angoisses d'abandon, qu'il faut apaiser. Les rituels d'avant la séparation pourront aider à réduire son anxiété. À l'inverse, s'absenter sans prévenir son enfant risque d'augmenter son sentiment d'insécurité.

Des rituels sécurisants

- **Lorsque vous sortez d'une pièce, prévenez-le toujours en adoptant un ton décidé et serein :** « Je vais à la cuisine et je reviens dans une minute… d'accord ? » Pendant votre absence, chantonnez, parlez pour qu'il sente votre présence, même si vous n'êtes pas sous ses yeux.

- **Tous les jeux de cache-cache et de coucou permettent de s'habituer à la séparation.** Pensez à inverser les rôles pour qu'il prenne lui aussi plaisir à se séparer de vous en allant se cacher.

- **Lorsque vous prévoyez de sortir le soir, prévenez-le bien à l'avance,** afin qu'il ne soit pas surpris par l'arrivée de la baby-sitter.

- **Même si ce n'est pas agréable de le voir fondre en larmes lorsque vous le quittez,** il est important de toujours lui dire tranquillement au revoir avant de partir et de ne pas différer son départ.

- **Entre 2 et 3 ans, s'il n'aime pas vous voir quitter la maison, prévoyez une activité amusante avec la personne qui va le garder :** bataille de chaussettes, cache-cache, concours de grimaces… Absorbé par son jeu, il acceptera plus facilement votre départ.

La peur de tout

Lorsqu'un enfant, mis en garde de certains dangers par ses parents, commence à prendre conscience de ses limites, il peut avoir tendance à craindre toute nouvelle situation. Pour l'aider à surmonter ses appréhensions, mieux vaut ne pas multiplier les confrontations avec ce qui l'inquiète, mais plutôt l'aider à garder un peu de contrôle en discutant avec lui de la situation. La notion de peur ou de danger perdra alors de son intensité.

Mettre des mots sur les peurs

- **Si votre enfant pleure lorsqu'un chien aboie, s'il est surpris par le bruit d'un mixer ou d'un marteau-piqueur, apprenez-lui par des petits trucs à s'habituer à ce qui le terrifie.** Proposez-lui de souffler dans une trompette, de chanter bien fort, d'imiter l'aboiement pour couvrir le bruit… Ces petits jeux toniques lui feront oublier sa peur.

- **Gardez votre calme à la vue d'une araignée ou lors d'un coup de tonnerre.** Si un enfant pense que son parent a peur, il sera persuadé qu'il vit une situation vraiment dangereuse et aura beaucoup de mal à surmonter sa peur.

- **Ne laissez jamais les frères et sœurs aînés se moquer des peurs du plus petit.** Expliquez-leur qu'il a le droit d'avoir peur et invitez-les à le réconforter.

- **Ne rendez pas votre enfant hypersensible en multipliant les mises en garde ou en agitant des risques potentiels :** « Attention au chien, il risque de te mordre… », « Reste près de moi sinon tu vas te perdre », « Sois sage ou le gardien du parc va te gronder… ».

La peur du noir

C'est vers 2 ans qu'un enfant commence à avoir peur du noir. Une veilleuse lui permettra de se repérer dans sa chambre, mais il doit surtout apprendre à ne pas se laisser dépasser par son imaginaire en associant les ombres et les bruits de la nuit à des monstres, à des sorcières ou autres personnages inquiétants.

Quelques astuces pour s'habituer au noir

▶ **N'insistez pas sur le côté inquiétant de l'obscurité,** lorsque vous entrez en voiture dans un tunnel ou en cas de coupure de courant à la suite d'un orage. Allez plutôt chercher ensemble des bougies et regardez les flammes, c'est un spectacle apaisant.

▶ **Les jeux avec une lampe de poche dans l'obscurité amusent beaucoup les enfants.** Baladez, par exemple, le faisceau lumineux de la lampe et demandez à l'enfant de poser la main sur le cercle de lumière qui apparaît sur le mur.

▶ **Lorsque l'enfant vous appelle parce qu'il croit qu'il y a un monstre dans le placard ou un loup sous son lit,** n'entrez pas dans son jeu en claquant des mains pour chasser l'intrus ou en vérifiant que personne ne se cache dans le placard. Assurez-le avec force d'une chose : votre maison est un havre de sécurité et rien n'y est caché.

▶ **Le soir, habituez-le à la pénombre au moment de la lecture des histoires.** Il lui sera plus facile d'accepter l'obscurité de la nuit.

La peur de l'eau

Entre 1 et 3 ans, le plaisir de l'eau consiste essentiellement à clapoter dans quelques centimètres d'eau tiède. Les vagues de la mer ou l'eau de la piscine sont rarement au goût du tout-petit. Plutôt que d'essayer de l'aguerrir en multipliant les baignades, proposez-lui des jeux pour le réconcilier en douceur avec l'eau et son pouvoir de détente.

Peur ou refus

- **Lorsque l'enfant refuse de prendre son bain, essayez de trouver l'objet de son inquiétude.** Certains enfants, après avoir vu l'eau de la baignoire se vider à grand bruit, ont une peur panique d'être avalés à leur tour !

- **Entre 2 et 3 ans, il aimera prendre son bain avec vous.** Demandez-lui de vous laver les cheveux, de vous rincer avec la douche… Fier de maîtriser ces nouveaux savoirs, il craindra moins le jet de la douche ou le rinçage des cheveux.

- **À la mer, installez-le dans un petit bateau ou dans une mini-piscine posés sur le sable et remplis d'un fond d'eau.** Il appréciera de s'y amuser tranquillement avant d'aller dans vos bras tester l'eau de mer.

- **Inutile de proposer des bains de mer trop tôt :** l'eau froide, grise et immense fait souvent peur aux tout-petits. Ne vous inquiétez pas : les plaisirs de la plage viendront dans quelques années.

L'enfant différent

Au cours de la deuxième année, les parents et l'entourage s'inquiètent parfois devant les différences de comportement ou de progrès entre leur enfant et ses petits copains. Une prise en charge précoce permettra de dissiper les angoisses ou de donner le maximum de chances aux enfants au handicap avéré.

L'inquiétude des parents naît souvent devant le comportement de l'enfant, qu'ils jugent très différent des autres : excessivement replié sur lui-même, ou au contraire très agité. Rassurons-les d'emblée : la plupart du temps, des comportements « inhabituels » n'ont rien d'alarmant. Mais, dans certains cas, il sera en effet nécessaire d'en parler avec des professionnels. Le pédiatre et éventuellement le pédopsychiatre vont rechercher l'origine de ce comportement. S'agit-il d'une réaction à des difficultés liées à l'environnement ou à des conflits dans l'entourage ? Le comportement de l'enfant varie-t-il selon les lieux ? Si oui, s'agit-il d'un problème de séparation ou d'adaptation ? L'instabilité comme le repli peuvent traduire l'angoisse, voire la dépression – même à 2 ans, un enfant peut souffrir de dépression, qui se manifeste souvent par des troubles de l'alimentation ou du sommeil.

En retard ?

L'autre inquiétude fréquente est liée au langage. Il s'agit souvent d'un simple défaut d'articulation ou de parole, sans que le développement du langage proprement dit soit menacé. En parallèle, il est prudent de vérifier l'audition.

À l'entrée à l'école maternelle, les défauts de prononciation sont très courants et ne présagent en rien des retards d'acquisition ultérieurs.

Ou précoce ?

Chez d'autres enfants, un décalage se manifeste entre le développement des capacités intellectuelles (repérables dans le niveau de langage, mais aussi dans les capacités de jeu ou de réflexion), alors qu'ils se montrent immatures sur le plan affectif. C'est notamment le cas des enfants précoces. Ils surprennent par le décalage entre la pertinence de leurs remarques et la maladresse dont ils font preuve dans certaines activités. Certains signes de précocité sont repérables, mais il faut se garder de poser le diagnostiquer sans l'avis d'un psychologue compétent.

Autour de 2 ou 3 ans, il ne faut pas encourager des apprentissages trop précoces, mais être attentif au risque de décalage dysharmonique dans le développement.

Des troubles du développement… à l'autisme : savoir consulter à temps

Certains enfants accusent un important retard de langage. Une fois écartée l'éventualité d'une surdité, même partielle, le retrait relationnel, associé à une absence ou à un retard important de la communication, est le premier signe de l'autisme. D'autres symptômes sont repérables dès la deuxième année : évitement du regard, insomnies importantes sans pleurs, angoisses disproportionnées, absence de « pointing » (faculté de l'enfant, vers 18 mois, de désigner du doigt un objet qui l'intéresse et de le montrer à l'adulte) ou centre d'intérêt trop exclusif...

Tout infléchissement du développement ne signifie pas pour autant une évolution vers des troubles autistiques. La qualité de la présence, du regard et de l'échange avec un bébé permet souvent d'éliminer assez vite ce diagnostic. Il existe aussi des troubles proches de l'autisme, qui apparaissent après le développement du langage et que l'on classe dans les dysharmonies évolutives : en effet, leur évolution est souvent positive, à condition qu'une prise en charge débute très tôt. Il faut donc consulter, sans attendre d'être rassuré par l'évolution spontanée. En tout état de cause, le diagnostic pourra toujours être révisé ultérieurement.

Vivre avec le handicap

À l'annonce du handicap, les parents sont généralement envahis par un sentiment d'injustice, d'incompréhension et de culpabilité. Or c'est un fait établi : quelles que soient les divergences des professionnels sur l'origine des troubles, l'éducation des parents n'est pas en cause dans l'autisme.

L'inquiétude, la douleur et le désir légitime des parents d'aider l'enfant à combler son retard risquent d'entraîner dans la surprotection ou dans le déni... Par-delà leur détresse, il est important qu'ils apprennent à jouer et à avoir du plaisir avec leur enfant.

Pour les familles désireuses de partager leurs angoisses ou de s'entraider, les associations de parents sont des lieux d'écoute et de parole précieux.

L'hyperactivité

Entre 1 et 3 ans, tous les enfants sont toniques et débordent d'énergie. Mais quand un enfant se laisse trop souvent gagner par l'excitation, passe sans cesse d'une activité à l'autre, a du mal à soutenir son attention, mieux vaut surveiller son comportement. Inutile de l'associer immédiatement à l'hyperactivité, qui ne se diagnostique pas avant l'âge de 4 ans. Mais une bonne communication entre les parents et les adultes en charge de l'enfant sera utile. Elle favorisera le bon développement de l'enfant turbulent, lui évitera de subir trop de réprimandes et de se trouver dans la situation d'enfant à problèmes dès son âge le plus tendre.

De l'attention et de la patience

- **Soyez attentif à la qualité et à la quantité de sommeil de votre enfant.** S'il a tendance à se coucher tard très souvent, il sera sous tension la journée. À l'inverse, les rituels et les horaires réguliers sont bénéfiques aux enfants très actifs.

- **S'il fait tout trop vite, apprenez-lui à prendre son temps en décomposant toutes les étapes d'une tâche à exécuter.**

- **Pour qu'il ne passe pas sans cesse d'une activité à une autre,** lorsque vous lui lisez un livre ou que vous jouez avec lui, faites-le dans un endroit calme, sans source de distraction.

- **S'il dépasse trop souvent les limites, ne le grondez pas systématiquement.** Optez plutôt pour la technique du retour au calme en l'isolant momentanément. En cas d'agitation excessive, prenez-le par la main sans lui parler et conduisez-le dans un coin retiré de la pièce où il s'assiéra en attendant de recouvrer son calme. S'il réussit, félicitez-le.

- **Lorsqu'il commence à s'exciter, proposez-lui une activité qui lui servira de défouloir :** une partie de foot, une virée à la piscine, du chant en plein air...

Les enfants aux besoins particuliers

Les enfants ayant des besoins spécifiques (en situation de handicap, enfants autistes...) développent plus facilement leurs capacités physiques et affectives lorsqu'ils sont acceptés parmi les autres enfants de leur âge malgré leur différence. Ainsi, en jouant au parc, en allant à la crèche, l'enfant différent ne se sent pas exclu et s'habitue à se sentir à l'aise en société dès le plus jeune âge.

L'évaluation précoce des handicaps ou autres problèmes rencontrés par certains enfants au cours de leur développement est importante. Des soutiens adaptés apporteront une aide précieuse.

Le psychomotricien

Son rôle est de prendre en compte le développement de l'enfant à travers la conscience de son schéma corporel. La maîtrise des capacités motrices, idéomotrices et praxiques y est prise en compte en lien avec les aspects cognitifs et affectifs de l'enfant.

L'orthophoniste

L'orthophoniste s'attache à faire travailler l'enfant à l'oral. Il agit comme un guide pour améliorer ses aptitudes langagières , les troubles d'articulation, le retard de parole et le retard de langage oral.

Le psychologue

Le psychologue va appréhender l'enfant sous l'angle des processus d'apprentissage en lien avec son développement. Il analyse le fonctionnement psychologique global de l'enfant afin de diagnostiquer d'éventuels problèmes et de proposer des traitements adaptés.

Aider son enfant face à certains retards de développement

Les enfants développent leurs habiletés à leur rythme. Il est donc important de ne pas s'inquiéter lorsqu'un enfant présente un retard de quelques mois dans certaines étapes de son développement. L'essentiel est qu'il soit curieux de tout, toujours prêt à faire de nouvelles expériences et à prendre des initiatives. Il est cependant utile de consulter le pédiatre lorsque des lenteurs de développement se combinent.

Comment accompagner l'enfant ?

- **Si votre enfant n'arrive pas à exécuter certains gestes quotidiens, stimulez sa motricité fine.** Dès 2 ans, donnez-lui des bouteilles et des bocaux en plastique dont il s'amusera à visser et à dévisser les bouchons et les couvercles. Faites-lui transvaser des légumes secs avec une cuillère d'un bol à un autre…

- **Se cogner, tomber, renverser un objet par mégarde : la maladresse est normale chez un enfant entre 1 et 3 ans.** Néanmoins, vous devrez faire surveiller de près son développement locomoteur si, après 3 ans, il trébuche souvent ou perd l'équilibre dès qu'il lève un pied pour enfourcher son tricycle, par exemple.

- **Si vous voyez que votre enfant a du mal à comprendre une consigne, que son temps de concentration est de très courte durée, adaptez-vous.** Donnez-lui une seule consigne à la fois et choisissez des mots clairs et simples.

- **Un enfant qui a du mal à se faire comprendre par ses petits camarades a toujours du mal à s'intégrer.** Si vous êtes seul avec vos proches à comprendre ce que dit votre enfant de 3 ans, le pédiatre vous recommandera peut-être un bilan orthophonique avant l'entrée à l'école.

L'enfant précoce

Lorsqu'un enfant sait tout faire avant les autres, ses parents sont tentés d'accélérer son développement en le stimulant à l'excès. La précocité des acquis comporte cependant des risques : elle peut provoquer du stress, un sentiment de saturation et de lassitude face aux apprentissages. Les exploits précoces peuvent aussi l'amener à penser qu'il n'est aimé que pour ses capacités à faire mieux que les autres. Le sentiment de supériorité risque de lui apporter plus d'ennuis que de satisfactions dans sa vie sociale.

Rien ne sert d'accélérer ses performances

- **Si votre enfant parle très bien, commence à déchiffrer des mots, aime compter avant 3 ans,** ne l'encouragez pas systématiquement dans les apprentissages précoces. Valorisez aussi d'autres aspects : le sport, la créativité...

- **Montrez-lui plutôt comment se servir de ses talents pour mieux jouer avec les autres,** en le chargeant de compter les points lors d'une partie de foot, en aidant un de ses amis à écrire son nom sous un dessin...

- **Veillez à le féliciter avec autant d'enthousiasme lorsqu'il réussit une activité physique ou qu'il rend service.** Il est important qu'il ne pense pas que seules les activités intellectuelles ont de la valeur.

- **S'il est très en avance, ne négligez pas ses rapports sociaux** et veillez à ce qu'il ne soit pas toujours en contact avec des enfants plus âgés.

- **Dès 2 ans, si votre enfant a de grandes facilités, commence à lire, sait compter, n'hésitez pas à consulter un psychologue, qui lui fera faire des tests d'évaluation.** Les tests de QI peuvent être réalisés à partir de 3 ans, mais ne sont véritablement fiables qu'à partir de 6 ou 7 ans.

le développement intellectuel

L'intelligence de l'enfant se développe très rapidement au cours de ses trois premières années. Ses progrès sont liés à une dynamique mêlant la mémoire, les émotions et les interactions sociales. Les parents peuvent être tentés de stimuler cette intelligence au maximum afin d'accélérer encore ce développement, mais un accompagnement bienveillant et un échange affectif au quotidien sont amplement suffisants.

Le développement intellectuel ne peut être dissocié du développement affectif. Loin d'être exclusivement tourné sur lui-même comme on le pensait naguère, le bébé est ouvert sur l'extérieur. Âgé de quelques jours seulement, il reconnaît la voix et le visage de sa mère. À 1 an, il est capable de réagir devant le déroulement d'une expérience. Des études ont montré que, face à un écran présentant une situation contraire à son expérience (par exemple, on jette un objet, qui monte au lieu de tomber), l'enfant, intrigué, va observer plus longuement. On peut en déduire qu'il possède une intuition de la relation de cause à effet, en lien avec la manipulation des objets. Il est aussi très tôt capable de percevoir le comportement des autres : on sait aujourd'hui que, dès la deuxième année, le tout-petit a l'intuition que la réponse de l'autre peut être différente de la sienne.

Ne pas surstimuler l'enfant

Ces découvertes ne signifient pas pour autant que les enfants sont tous plus précoces qu'on ne le pensait il y a quelques décennies, et il n'est ni nécessaire ni bénéfique d'anticiper les apprentissages pour les rendre plus performants. Au contraire, il est important de respecter les étapes du développement. La corrélation entre le développement intellectuel et le développement affectif, qui en constitue en quelque sorte le socle, est fondamentale. L'existence d'un décalage entre les deux serait préjudiciable à la bonne évolution du tout-petit.

C'est pourquoi les jeux et les jouets proposés doivent tenir compte du stade de développement réel de l'enfant. La « zone proximale de développement », évoquée par le psychologue russe Lev Vygotski, se situe légèrement au-delà des capacités acquises. C'est dans cette zone que les actions éducatives sont les plus efficaces et les progrès les plus grands. En clair : on peut « pousser » un peu l'enfant, mais à peine, au risque de nuire à son développement.

Accompagner l'enfant pour stimuler sa curiosité

Pour l'enfant, le jeu reste le meilleur moyen d'apprendre. Par le jeu spontané, il satisfait son appétit de découverte et sa curiosité. Selon la psychanalyste britannique Melanie Klein, ce sont ses pulsions et ses fantasmes qui alimentent sa curiosité et son désir de connaissance. Remplir et vider, casser ou démonter pour découvrir l'intérieur des choses, explorer les anfractuosités… sont des activités spontanées de l'enfant en pleine phase exploratoire et d'expérimentation, caractéristique de la période de l'intelligence sensori-motrice.

Le partage affectif et linguistique, meilleur levier de l'intelligence

Pour répondre de la manière la plus adéquate à la soif de découverte de l'enfant, la meilleure attitude est sans doute de parler mais aussi de jouer avec lui. Même s'il apprécie que l'on respecte au mieux ses jeux solitaires, l'enfant a besoin de la relation à l'adulte pour apprendre et construire sa pensée. Le psychologue américain Jerome Bruner a insisté sur l'importance des moments d'attention conjointe, au cours desquels adulte et enfant partagent un intérêt commun. L'enfant peut attirer l'attention de l'adulte sur quelque chose qui l'intéresse en le désignant du doigt, et ce « pointage » est un comportement essentiel de préacquisition du langage.

Après 18 mois, l'enfant passe de l'intelligence sensori-motrice à l'intelligence symbolique, contemporaine des progrès du langage. Les moments de partage linguistique, au cours des jeux ou dans les situations courantes de la vie quotidienne, sont les meilleurs stimuli de son développement intellectuel. Ne perdons jamais de vue que les apprentissages riment avec relation affective et plaisir du jeu.

Le langage

Le bébé naît dans un bain linguistique. C'est dans l'échange avec les adultes qu'apparaissent, tout naturellement, les premiers mots. D'abord babillage, puis jargon, l'expression du tout-petit va peu à peu se structurer en langage. Avec, à la clé, la maîtrise du premier outil de socialisation.

Le langage n'apparaît pas du jour au lendemain. Dès sa naissance, l'enfant est immergé dans un bain linguistique. Cet environnement est une condition sine qua non du développement de la parole. Avant d'en comprendre le sens, c'est d'abord par la prosodie (l'intonation et la musique du langage) que le nourrisson perçoit les émotions transmises avec les mots. Ses réactions aux mimiques ou aux intonations montrent qu'il prend un plaisir évident lorsque l'adulte lui parle. Après une période de babillage, l'enfant de 1 an est capable de répéter certains mots de manière intentionnelle. Il acquiert ensuite la prosodie de la langue. Il peut, dès lors, tenir un discours semblable à un dialogue, avec des intonations adaptées à une conversation, mais sans utiliser de mots reconnaissables : c'est le jargon.

C'est dans ce contexte qu'apparaissent les premiers mots. Les parents reconnaissent souvent « mama » ou « papa » en premier, mais ce n'est pas systématique. L'âge des premiers mots est variable : pour certains, c'est autour de 1 an, voire plus tôt, pour d'autres, vers 18 mois.

L'apparition du langage est liée à la qualité des relations avec l'adulte

Les psychologues Daniel Stern et Jerome Bruner ont montré que l'apparition du langage est intrinsèquement liée aux moments d'attention partagée et aux jeux d'échanges entre l'enfant et l'adulte. Le « pointing », ou pointage, est un comportement tout à fait typique, préalable au langage : l'enfant désigne du doigt, en vocalisant, un objet à l'attention de l'adulte.

À 18 mois, le langage prend une dimension qui n'est plus seulement « imitative », mais « générative » : l'enfant peut fabriquer lui-même de nouvelles locutions. Il crée des expressions à partir des mots qu'il connaît déjà et des règles rudimentaires de syntaxe dont il a compris le fonctionnement : souvent, un verbe et un sujet sont associés. Les deux termes peuvent être fusionnés, comme « papapati » pour « papa est parti ». Notons que, lorsqu'un enfant parle de l'absence de son père, c'est qu'il a intégré la fonction sémiotique du langage, qui permet de rendre présente, par la pensée, une chose ou une personne en son absence. Cette étape franchie, l'enfant prend la mesure d'une loi universelle : les choses et les êtres ont un nom. Désormais, il n'aura de cesse de demander l'appellation de tout ce qu'il verra.

Le langage, outil d'échanges et de développement de la personnalité

Après 2 ans, le vocabulaire va considérablement s'enrichir. D'abord par l'utilisation de catégories sémantiques larges : « ouah ouah » pour « chien », par exemple, désigne tous les animaux. Puis le vocabulaire va se faire de plus en plus précis. Les progrès de la syntaxe permettent progressivement à l'enfant de construire des phrases de mieux en mieux structurées. Il peut aussi jouer avec les mots, ce qui est indispensable pour s'approprier pleinement la langue. Dès lors, ses possibilités d'expression ne connaîtront plus de limites. Le langage va s'intégrer dans ses jeux avec les peluches ou les poupées, qui vont être l'occasion de mettre en scène des échanges verbaux et de répéter les mots appris. Les échanges avec ses pairs vont s'en trouver considérablement enrichis.

Par ailleurs, l'évolution du langage est totalement corrélée au reste du développement psychologique. Au cours de la deuxième année, l'enfant exprime sa volonté par l'emploi du « non ». À 3 ans, le développement de la personnalité trouve son expression la plus claire dans l'emploi du pronom « je ».

Retards et difficultés : ne pas s'inquiéter trop tôt

Les retards de langage inquiètent les parents. Comme nous l'avons vu, l'âge où le tout-petit prononce ses premiers mots est trop variable pour être un repère sûr : il ne présage en rien du niveau de la future compétence linguistique. Le décalage entre compréhension et expression est normal. Le développement du langage dépend des stimuli reçus par les enfants : certains sont sous-stimulés, d'autres le sont trop.

Autre inquiétude des parents : les difficultés de prononciation, comme le zozotement ou zézaiement (l'enfant prononce *z* pour *j* et *g*, et *s* pour *ch*), qui sont pourtant banales en cours d'acquisition du langage. De la même manière, simplifier les mots en redoublant certaines consonnes ou en en éliminant d'autres (« chienchien », « nounou » pour « nounours ») est tout à fait classique.

Apprendre à bien parler

Les différences sont grandes d'un enfant à l'autre en ce qui concerne l'apprentissage du langage. Pour certains, parler peut devenir une véritable passion. Dès qu'ils entendent un mot nouveau, ils le répètent encore et encore, souvent avec une prononciation parfaite. D'autres, à l'inverse, ont tendance à transformer les mots, à buter sur la prononciation de certaines syllabes : les parents faciliteront leur apprentissage en leur parlant beaucoup et de façon très claire.

Bien parler à son enfant

- **Parlez clairement à votre enfant et articulez :** c'est le meilleur moyen pour qu'il s'approprie ses premiers mots et les mémorise. Lorsque vous lui parlez, changez votre voix et votre intonation pour que chaque mot se détache bien.

- **Utilisez un vocabulaire très concret.** Faites des phrases courtes et regardez-le lorsque vous lui parlez.

- **Enrichissez son vocabulaire** en utilisant des mots précis, par exemple : la jambe mais aussi le genou, le mollet, le talon…

- **Ne rectifiez pas son erreur en lui demandant de redire correctement le mot.** S'il dit « tateau » pour « gâteau », répétez simplement le mot avec la bonne prononciation en lui répondant.

- **Enrichissez ses premières combinaisons de mots.** Vous répondrez par exemple à : « Tateau Lucas » par : « Oui, Lucas, tu veux manger un autre gâteau au chocolat… » Il apprendra ainsi, petit à petit, de nouveaux mots et la musique des phrases.

L'enfant qui parle tardivement

Certains enfants mettent plus de temps que d'autres pour parler et il n'y a pas lieu de s'inquiéter avant l'âge de 3 ans. L'enfant comprend tout ce qu'on lui dit, il a juste besoin d'un peu plus de temps qu'un autre pour s'exprimer verbalement. Parfois il ne ressent pas vraiment le besoin de parler, ses frères et sœurs aînés le faisant à sa place. Ce retard ne signifie nullement qu'il parlera moins bien qu'un autre lorsqu'il se sentira prêt.

L'aider à parler

- **Adaptez-vous à ce que dit votre enfant pour ne pas le décourager.** S'il désigne tous les hommes en les appelant des « papas », tous les animaux en les nommant « ouah, ouah », montrez-lui que vous comprenez parfaitement ce qu'il dit. Donnez l'exemple en utilisant le mot précis et en évitant de parler à votre tour comme un bébé.

- **Demandez à tous les membres de la famille d'éviter de traduire systématiquement** ce qu'il veut dire afin de l'inciter à parler.

- **Faites des pauses suffisamment longues** après lui avoir parlé pour lui laisser le temps de vous répondre.

- **Plus l'enfant fait de gestes avec les mains,** plus il a envie de mettre les mots correspondants pour les accompagner. Lorsque vous vous promenez ou que vous faites une activité ensemble à la maison, commentez tout ce que vous voyez, tout ce que fait votre enfant en accompagnant à votre tour vos paroles de beaucoup de gestes.

- **Chantez sa comptine favorite ou lisez son livre préféré en lui laissant la possibilité de dire la fin.** Les chansons aident les enfants à élargir leur vocabulaire et le rythme les aide à mémoriser.

L'enfant qu'on a du mal à comprendre

Un enfant qui communique verbalement avec les autres et qui voit qu'on ne le comprend pas peut s'énerver et réagir avec colère et agressivité. Le rôle des parents est, avant tout, d'encourager le plaisir de la conversation, même si l'enfant parle « mal ». Il faut aussi le rendre attentif à l'écoute des sons et lui montrer, par quelques petits exercices, comment coordonner sa langue et ses lèvres pour bien prononcer les mots.

Améliorer sa façon de parler

- **Faites la liste des mots courants que votre enfant a du mal à prononcer.** Utilisez-les souvent lorsque vous discutez avec lui, en les articulant bien mais sans attirer son attention sur votre façon de faire.

- **Chantez avec lui.** Cela lui fera articuler les mots et facilitera leur prononciation.

- **S'il a du mal à prononcer le *f*, le *v*, le *s*, le *ch*…,** inspirez-vous de petits jeux[1] pour lui apprendre à bien placer ses lèvres et sa langue.

- **Pour vous amuser, prenez un ton théâtral en mettant l'accent sur les sons qu'il a du mal à prononcer :** une grrrrrrimace, un chausssssssure, un vélllllllo. Vous verrez qu'il aura tout de suite envie de se prêter au jeu.

- **Laissez-le se débrouiller lorsqu'il joue avec d'autres enfants.** Les petits ne se moquent jamais de ceux qui parlent mal. Cela l'incitera à beaucoup parler et lui sera très profitable.

- **Ne traduisez pas systématiquement ses propos à d'autres adultes :** il apprendra peu à peu à se faire comprendre tout seul.

1. Sur www.grandiravecnathan.com, vous trouverez des jeux utiles et didactiques qui aideront votre enfant à bien prononcer les mots !

Les premières phrases

Vers 2 ans, après la formation de son vocabulaire, l'enfant commence à construire ses premières phrases. Il est important de participer avec enthousiasme à son plaisir de parler en le laissant décoder la grammaire par essais et erreurs. Inutile de corriger la fantaisie de ses accords grammaticaux : son imagination et sa créativité l'amèneront rapidement à faire des progrès et à produire, au cours de sa troisième année, des phrases de plus en plus complexes, longues et variées.

Apprendre à bien formuler ses phrases

- **Autour de 3 ans, les enfants sont souvent des « machines à questions ».** Prenez le temps de répondre à votre enfant, d'expliquer les choses et ne le laissez pas écouter passivement vos réponses. À votre tour, posez-lui une question sur le sujet et écoutez sa réponse.

- **Lisez-lui beaucoup d'histoires à haute voix.** Les livres sont d'excellents supports pour développer une suite chronologique d'événements et apprendre à l'enfant, dès le plus jeune âge, à utiliser les verbes au présent, au passé et au futur.

- **Commentez l'histoire avec lui.** Posez-lui des questions : Qui est ton personnage préféré ? Et le plus rigolo ? C'est une excellente occasion pour lui de formuler des phrases et d'exprimer ses sentiments avec des mots.

- **Les chansons et les histoires audio sont de très bons supports.** L'enfant mémorise les phrases, leur rythme, les différents tons et voix des personnages. Écoutez régulièrement l'histoire avec lui en regardant ensemble les images et commentez-la ensemble à la fin.

L'enfant bilingue

Parler deux langues simultanément à un enfant ne gêne en rien l'apprentissage du langage. Cependant, les enfants qui grandissent dans un milieu bilingue mettent parfois plus de temps que les autres à maîtriser le langage oral. En revanche, leur vocabulaire est en général bien plus riche que celui de leurs camarades du même âge.

Pour un bilinguisme équilibré

▸ **Lorsque vous parlez à votre enfant, veillez à différencier les langues le plus possible.** Si un seul parent parle une langue étrangère, chaque parent parlera dans sa langue maternelle à l'enfant. Cela lui permettra d'enrichir son vocabulaire dans les deux langues.

▸ **Pour que l'enfant baigne dans ses deux cultures,** pensez à alterner les chansons, les histoires et les comptines dans sa seconde langue.

▸ **Demandez-lui de vous répondre dans la langue que vous utilisez lorsque vous vous adressez à lui.**

▸ **Ne mélangez pas les mots de l'une et de l'autre langue** : l'enfant risquerait de vous imiter et de parler un vrai charabia.

Les troubles du langage

Pour bien parler, un enfant apprend naturellement à coordonner les mouvements des muscles de son pharynx, de son nez, de sa langue et de ses lèvres. **Avant 3 ans,** il n'y a pas lieu de s'inquiéter lorsqu'un enfant bégaie ou zozote : ce n'est presque toujours qu'un trouble passager. Seuls les troubles de compréhension doivent attirer l'attention des parents dès le plus jeune âge.

Zozotement et bégaiement

- **Le zozotement et le chuintement :** ce sont des défauts d'articulation d'origine mécanique. La langue se place mal dans la bouche, elle se loge près des dents, comme lorsque l'enfant tète son biberon ou sa sucette, au lieu de rester en retrait.

- **Ce défaut disparaît en général vers 3 ou 4 ans.** Passé cet âge, il est conseillé d'avoir recours à quelques séances d'orthophonie. En quelques séances, il apprendra à bien positionner sa langue.

- **Pensez à limiter la tétine en ne la donnant que pour dormir.** Les enfants qui ont en permanence une sucette dans la bouche ou qui sucent leur pouce avec excès sont ceux qui souffrent le plus souvent de zozotement.

- **Le bégaiement :** en moyenne, un enfant sur cinq bégaie de manière passagère au cours des premières années. **Après 3 ans,** si ce trouble persiste et semble s'installer, il est recommandé de consulter un orthophoniste. Il mettra en place des séances à base d'exercices de respiration et de souffle.

La politesse

Les formules de politesse doivent faire partie du vocabulaire du jeune enfant. Il les apprend en entendant ses parents les utiliser. Il comprend aussi leur utilité lorsque ses parents lui disent « merci » ou « s'il te plaît ». Si elles ne font pas partie des habitudes familiales, il ne verra pas l'intérêt d'y avoir recours lors de ses échanges avec les autres et ses relations sociales s'en ressentiront, en particulier à l'entrée à l'école.

Être poli, cela s'apprend

- **La politesse instaure un climat de sérénité et de respect.** Veillez à ce que l'enfant intègre les formules de politesse de base dès qu'il commence à parler. Il suffit de les utiliser le plus souvent possible lorsque vous vous adressez à lui.

- **Vers 3 ans,** quand il commence à construire de petites phrases, habituez-le à dire : « J'aimerais bien », plutôt que : « Je veux. » Cela rendra ses demandes plus agréables à entendre.

- **Si, parfois, il n'a pas envie ou n'ose pas dire « bonjour » ou « merci », ne vous entêtez pas.** Il doit comprendre avant tout que les formules de politesse sont une façon agréable d'entrer en contact avec les autres.

- **La politesse est un apprentissage comme un autre, qui demande un peu de temps.** N'hésitez pas à le reprendre avec douceur, mais fermement, lorsqu'il oublie de dire « merci » ou « s'il te plaît » après avoir formulé une demande.

- **Félicitez-le quand il pense à utiliser les formules de politesse :** c'est le meilleur moyen de lui donner envie de continuer.

Les jeux qui stimulent la parole

Les enfants, à la fin de leur deuxième année, commencent à inventer de petits scénarios au cours de leurs jeux. En parlant dans un téléphone en plastique, en jouant à la dînette, ils s'entraînent à bien parler. Ils dialoguent en se glissant dans la peau de leurs personnages favoris et en prenant des intonations différentes. Les parents doivent favoriser ces jeux de « faire semblant », sans hésiter à y participer de temps à autre !

Parler en jouant

- **Jouer à faire semblant est un excellent moyen d'améliorer l'élocution de votre enfant.** N'hésitez pas, par exemple, à jouer avec lui à la dînette ou au restaurant. Pensez à bien interpréter votre rôle, en prenant le ton de la cliente exigeante, du gourmand qui aimerait goûter à tous les plats...

- **Si votre enfant n'a pas de frères et sœurs proches par l'âge,** pensez à inviter ses petits amis... Jouer avec des enfants de son âge lui permettra d'améliorer sa conversation grâce à des partenaires aussi inventifs que lui.

- **Si vous l'entendez parler tout seul avec ses figurines ou avec ses poupées, n'intervenez pas dans cette conversation imaginaire.** Laissez-le construire des histoires avec des rencontres et des rebondissements, qu'il commente au fur et à mesure.

Le rôle du jeu

Chez le tout-petit, le jeu n'est pas seulement plaisir, il est source d'expériences structurantes, de découverte de nouvelles capacités corporelles, d'exutoire à certaines émotions. Il est aussi, et peut-être surtout, espace d'échanges et de socialisation.

Tout le monde s'accorde pour reconnaître que le jeu est une activité essentielle pour le développement affectif et intellectuel de l'enfant. Mais, au fond, on pourrait se poser avec Donald Winnicott, un pédiatre et psychanalyste britannique, cette question très simple : « Pourquoi l'enfant joue-t-il ? »

La première raison est sans doute le simple plaisir. Au début, le bébé manipule ses jouets, les triture, les mordille... Plus tard, il les jette, les cherche du regard, l'adulte les lui redonne et le jeu reprend inlassablement. Le plaisir réside dans cette répétition, et on peut le mesurer aux éclats de rire qui accompagnent les jeux de construction et de démolition de tours de plus en plus hautes.

Le jeu, source d'expérimentation

L'activité motrice entre pour une grande part dans le plaisir de jouer : l'enfant tire, pousse, manipule, écrase, secoue, fait tomber... En jouant, il expérimente : il transvase, il remplit, il vide, teste les rapports entre contenant et contenu. Chaque objet rencontré va lui servir à s'amuser et à satisfaire sa curiosité.

À 18 mois, il est capable de faire un puzzle simple ou un jeu d'encastrement. La réussite, source de plaisir, l'encourage à de nouvelles expériences. L'échec, lui, est une incitation à persévérer. Cette stratégie enrichit son expérience du monde et lui donne une intuition du fonctionnement physique des choses. L'enfant apprend par essais et erreurs, mais aussi en échafaudant des « hypothèses » à partir de ses expérimentations.

La découverte du corps et la mise en scène des émotions

Le jeu, qui permet à l'enfant de découvrir son corps et ses capacités physiques, contribue au développement du schéma corporel. Chez les petits, la pâte à modeler, la peinture aux doigts ou à l'eau sont en phase avec l'apprentissage de la propreté et l'envie de « patouiller ». Ils expérimentent aussi la trace laissée, puis le gribouillis, bien avant de passer au « bonhomme têtard ».

Le jeu permet aussi au tout-petit de mettre en scène ses émotions : il offre un espace où les sentiments agressifs et de haine peuvent s'exprimer sans entraîner de conséquences, réelles ou fantasmatiques. Ainsi, le jeu peut être un dérivatif à la colère. Quand l'enfant sera prêt pour le jeu d'imitation, il manifestera d'ailleurs une sévérité souvent exagérée envers ses poupées et ses peluches.

À d'autres moments, le jeu est un exutoire contre l'angoisse. En rejouant sur un terrain imaginaire les situations qui génèrent de la peur, l'enfant invente des solutions. Celui qui a été hospitalisé aura besoin de reproduire les agressions qu'il a subies en faisant des piqûres à ses poupées ou en opérant ses peluches. Toutefois, quand l'angoisse sous-jacente est trop forte, les capacités de symbolisation sont dépassées et le jeu prend un aspect compulsif et répétitif. Notons encore que, quand un enfant est trop stressé ou malade, il n'arrive pas à jouer. Le jeu est donc un bon indicateur de son état psychique.

En mettant en communication la réalité extérieure et son monde interne, le jeu permet à l'enfant de créer un espace d'échanges, d'illusions et de créativité avec l'adulte où celui-ci pourra le comprendre vraiment – c'est ce que Winnicott appelle l'« espace transitionnel ».

Le jeu, espace de contacts et d'échanges avec l'entourage

Le plus souvent, le premier partenaire de jeu est la mère, puis, petit à petit, l'enfant va se montrer apte à jouer seul. Selon Winnicott, il va manifester une capacité nouvelle, très importante pour son développement psychique : la capacité à être seul... en présence de la mère. L'enfant ressent de manière périphérique cette présence rassurante, tout en restant concentré sur son jeu.

C'est aussi par le jeu qu'il entre en contact avec les autres. Les premiers jeux un peu élaborés sont des jeux d'imitation différée. L'enfant reproduit une scène qu'il a vue, imite les gestes et répète les paroles de son entourage. Avec la socialisation, après 2 ans, il sera capable de jouer avec d'autres. Dans les jeux d'alternance réciproque, le poursuivant devient le poursuivi et inversement. Le jeu partagé, avec des rôles différenciés, sera réellement possible avec le développement de la faculté à attribuer aux autres des pensées différentes des siennes (entre 2 et 4 ans).

La deuxième année : les jeux d'échange à l'honneur

Au cours de la deuxième année, les jeux d'échange prédominent, axés autour d'une règle simple, implicitement admise entre l'adulte et l'enfant : jeter/ramasser, donner/prendre, se sauver/être attrapé... Ce scénario ludique, fondé sur l'opposition des rôles, est vite intégré par le tout-petit. Plus tard, l'enfant sera capable d'interchanger les rôles, et le jeu de cache-cache, par exemple, deviendra un jeu d'alternance réciproque.

Les jeux physiques pour apprendre le rapport à l'autre

En grandissant, l'enfant aime se lancer des défis dans les jeux spontanés : il cherche à sauter le plus loin, à courir le plus vite. Avant d'en faire un objectif de compétition à l'école, il teste son pouvoir à travers des jeux physiques avec l'adulte. Entre 1 et 4 ans, le contact corporel avec ce dernier tient encore beaucoup de place : sauter sur les genoux, être porté sur les épaules... Les jeux physiques et les jeux de ballon sont particulièrement importants dans les relations pères-fils. Des études ont montré qu'ils influent sur la manière dont les enfants vivront, par la suite, les conflits avec leurs pairs.

Ces jeux donnent aussi l'occasion de rappeler les limites et les interdits. Dans le jeu avec l'adulte, l'enfant apprend la limite entre ce qui est permis et ce qui est défendu, mais aussi entre le conflit pour de vrai et pour faire semblant. L'agressivité peut y être symbolisée sans risque puisque c'est « pour de faux ».

Les situations comiques, du rire aux larmes…

À partir de la troisième année, l'enfant devient sensible à l'humour et aux situations comiques. Il adore rire, il est ravi quand l'adulte fait le pitre ou se déguise. Les clowns sont souvent le premier spectacle qu'il apprécie. Une fois bien assuré sur ses deux jambes, qu'il est amusant de faire semblant de tomber ou de voir quelqu'un se prendre les pieds dans le tapis ! Quand on apprend à ne pas faire de bêtises, c'est toujours très drôle de voir que d'autres les accumulent !

Dans le jeu, certaines transgressions sont possibles. Attention, toutefois, à repérer le moment où l'excitation rendra le jeu difficile. Un enfant qui joue peut passer du rire aux larmes et vice versa en un éclair. Cette labilité de l'humeur est normale, et c'est aux parents d'alterner moments d'excitation et périodes plus calmes.

Du jeu à l'identification sexuée

Les deux parents ne jouent pas de manière identique avec l'enfant. Les mères sont davantage portées à le faire avec les plus petits, avec une tendance à encourager la poursuite du même jeu. Les pères, eux, sollicitent plus le changement d'amusement. C'est par le jeu que les pères prennent une place progressivement plus importante dans la vie de leur enfant, au cours de sa deuxième année. Une occasion particulièrement favorable pour eux de s'impliquer dans l'éducation de leur progéniture.

Après 2 ans, les jeux d'imitation et d'identification aux parents vont se multiplier. Le petit enfant cherchera à imiter – maman qui conduit ou papa qui fait la cuisine (à moins que ce ne soit l'inverse). En jouant, il intègre déjà les futurs modèles identificatoires transmis par ses parents.

Le jeu, un exutoire

Doudou, poupée fétiche, ours préféré… le compagnon inséparable de l'enfant a un très grand rôle dans le jeu. L'enfant le câline, lui parle doucement, lui confie ses craintes, mais aussi le malmène ou le gronde lorsqu'il est en colère. Il lui permet ainsi de décharger son agressivité. D'autres jeux peuvent également servir à l'enfant à évacuer son trop-plein de tensions.

C'est en général **à partir de sa deuxième année** que l'enfant commence à construire son monde imaginaire. Il donne vie aux objets, il parle seul en expliquant ce qu'il fait, il s'écoute donner des ordres, gronder ses poupées. Le jeu lui offre une grande liberté d'action.

Les premiers jeux d'imagination

- **Dès que l'enfant commence à bien parler, il prête sa voix, et souvent ses sentiments, à ses personnages.** Évitez d'intervenir dans ces jeux. Laissez votre enfant faire pleurnicher sa poupée, la gronder, dire ce qu'il veut, la manipuler comme il l'entend.

- **Lorsqu'il joue seul avec des figurines, faites comme si vous n'entendiez pas ce qu'il dit.** Les enfants, lorsqu'ils inventent des scénarios imaginaires, ont besoin d'intimité, car ils expriment souvent à ces moments-là des émotions qu'ils ne veulent pas partager.

- **L'ennui est un allié de l'imagination.** Ne passez pas votre temps à occuper votre enfant et ne vous précipitez pas vers lui dès qu'il semble s'ennuyer : laissez-lui le temps de rêver, d'imaginer, et de trouver des idées de jeu par lui-même.

Jouer seul

S'il est bon de proposer à l'enfant des activités – peinture, pâte à modeler, lecture d'albums etc. –, il est aussi fondamental de lui laisser de grandes plages de jeu libre, non guidé. Votre enfant en a besoin pour apprendre qu'il est capable de décider avec quoi et comment il veut jouer. Il devient le maître de ses jeux et développe, grâce à ses activités ludiques, son autonomie et sa créativité.

Jouer comme il lui plaît

- **Il est utile de mettre à la disposition de l'enfant un matériel « ouvert »,** une base à partir de laquelle il pourra créer librement des scénarios de jeu très divers : cartons, boîtes en plastique, tubes, briquettes de bois...

- **Aménagez un coin à sa taille :** une table et une chaise où il pourra dessiner sans vous demander la permission systématiquement.

- **Lorsqu'il invente un jeu,** en faisant une cabane avec des coussins, en jouant au tambour avec une casserole et une cuillère en bois, félicitez-le, admirez sa créativité.

- **N'intervenez pas lorsqu'il joue seul en lui proposant de l'aide.** C'est à lui de s'adresser à vous, uniquement s'il en ressent le besoin.

- **Pour l'inciter à jouer seul, restez à distance de son coin de jeu tout en lui proposant quelques idées pour prolonger ce qu'il est en train de faire :** « Et si tu rangeais maintenant tes voitures par couleur ? » « Si je te prêtais une corbeille pour coucher tes poupées ? » « Si tu chantais une chanson pour les aider à s'endormir ? »

Jouer avec son enfant

Les parents sont de bons compagnons de jeu, à condition qu'ils éprouvent un réel plaisir à jouer. Il est important de ne pas transformer toute séance de jeu partagé en activité éducative. L'humour, la fantaisie, la complicité entre le parent et l'enfant feront du moment de jeu un moment de plaisir partagé. L'enfant découvrira d'autres facettes de la personnalité de son parent, qui laissera un peu de côté son rôle d'éducateur.

Les parents, de bons compagnons de jeux

- **Jouer ensemble doit être aussi amusant pour vous que pour votre enfant.** Ne vous comportez pas en professeur qui veut que l'on respecte des règles précises. Au cours d'une séance de jeu partagé, mieux vaut laisser l'enfant inventer ses propres amusements, même s'il détourne l'usage du jouet ou du jeu.

- **Lorsque vous jouez avec votre enfant, profitez-en pour lui transmettre vos jeux d'enfance.** Jouer à poser une main sur l'autre chacun son tour et de plus en plus vite, faire des avions en papier, jouer à la statue… ces types de jeux et bien d'autres encore sont des valeurs sûres qui permettent de s'amuser à tout âge.

- **Ne soyez pas trop performant lorsque vous jouez.** Il est normal que vous sachiez plus facilement construire un magnifique château, faire le plus beau des circuits avec les rails de son train, colorier parfaitement sans dépasser.

Apprendre à jouer avec les autres

Jusqu'à 3 ans, les enfants aiment jouer à côté des autres plutôt qu'avec eux. Ils n'ont pas le sens de la propriété et trouvent naturel de s'emparer d'un jouet convoité ou, à l'inverse, de se faire prendre un jeu sans réagir. Pour éviter que tout ne se termine par des pleurs, il est important de leur montrer comment se comporter avec leurs camarades. Apprendre à demander la permission avant d'emprunter un jouet ou demander gentiment à récupérer le sien sont des apprentissages qu'il faudra dispenser avec douceur... et patience.

S'amuser sans se chamailler

- **Lorsque vous accompagnez plusieurs enfants au parc, emportez suffisamment de matériel :** poupées, balles, petites voitures... cela évitera les conflits.

- **Laissez-les jouer seuls tout en les surveillant.** Dès que l'un s'apprête à s'emparer d'un jouet, intervenez en l'aidant à négocier le jouet convoité en échange d'un autre.

- **Lorsqu'un jouet (porteur, jouet à bascule, trottinette) est convoité par plusieurs enfants, proposez-leur de s'en servir à tour de rôle :** faites sonner une clochette toutes les dix minutes afin que chacun profite équitablement du jeu.

- **Veillez à ne pas gronder l'enfant lorsqu'il prend un jouet qui ne lui appartient pas.** Intervenez en essayant de proposer un jeu rigolo aux enfants concernés : lancer, par exemple, le ballon tant apprécié pour voir lequel lance le plus loin.

Jeux de filles, jeux de garçons ?

Entre 1 et 3 ans, le choix des jouets et l'attitude des parents façonnent les habitudes de jeu des filles et des garçons. Les parents tendent en effet à offrir aux filles des jouets étiquetés comme féminins (poupée) et des jouets étiquetés comme masculins aux garçons. Ces jouets, fortement sexués, contribuent – avec beaucoup d'autres facteurs – à développer chez les filles et les garçons des aptitudes différentes. Peu à peu se forgent des identités de genre qui finissent par coller à la peau des garçons et des filles comme une seconde nature.

Il est vraiment recommandé de ne pas cantonner son enfant dès le plus jeune âge dans un seul univers, celui du rose et des poupées pour les filles, celui du bleu et des voitures pour les garçons. Tous les jeux contribuent à rendre l'enfant curieux, inventif et imaginatif.

- **Observez les enfants à la crèche :** vous verrez que garçons et filles jouent à la poupée, à la dînette, au train ou aux voitures.

- **Jouer à la bagarre avec papa ou maman est tout aussi rigolo pour une petite fille que pour un petit garçon.** De même, préparer un pique-nique pour ses peluches « en faisant semblant » est une activité passionnante pour tous.

- **N'interdisez pas les jeux de guerre.** Un duel avec des sabres de pirate en mousse apprendra à l'enfant à gérer son agressivité par le jeu. Cela l'aidera aussi à connaître les limites acceptables de ses gestes lorsqu'il est en pleine action.

- **Attention à votre discours !** Si votre fils réclame une dînette ou une table à repasser, ne lui demandez pas trois fois s'il est sûr de son choix, ne lui dites pas que c'est un jouet de fille. C'est un discours rétrograde à une époque où la répartition des tâches ménagères a beaucoup évolué !

L'apprentissage par le jeu

On ne joue pas pour apprendre… mais on apprend par le jeu.

Les jeux de tri, de classement, de construction permettent à l'enfant de raisonner de façon logique, et même de s'entraîner à résoudre ses premiers problèmes mathématiques.

Les activités manuelles ou d'imitation favorisent la créativité, améliorent la motricité fine de l'enfant. Mais le jeu aide avant tout à prendre confiance en soi, surtout si l'enfant est laissé libre de faire ses propres expériences, en détournant les fonctions de ses jouets… comme bon lui semble.

- **Gambader, sauter, fouetter l'air avec un bâton… tous ces jeux libres développent les capacités motrices.** Veillez à ce que votre enfant ne fréquente pas uniquement des espaces de jeux spécialement aménagés. Les toboggans, les balançoires, le tour de manège sont des activités amusantes mais moins enrichissantes que de courir dans des feuilles mortes, grimper sur un talus ou slalomer entre des arbres…

- **Incitez-le à détourner la fonction de certains objets de la maison que vous lui prêtez :** un panier à linge sera son bateau, des coussins feront une île, une cuillère en bois et une casserole deviendront un tambour, un chapeau sera un lit pour son ours…

- **L'apprentissage par le jeu doit être varié.** Les jeux éducatifs aux règles précises, bien que très utiles, ne doivent pas être les seuls proposés. Un bon assortiment de figurines et accessoires en tout genre permettra à l'enfant une variation infinie de jeux.

- **Un enfant est toujours attiré par un jouet qui s'anime dès qu'il appuie sur un bouton.** Il le rend cependant peu actif et il s'en lasse généralement très vite en raison de sa fonction très répétitive.

Les jouets

On le sait bien, un enfant est capable de jouer avec à peu près tout : un bout de bois, du fil de fer ou quelques cailloux peuvent devenir des jouets de grande valeur entre ses mains. Malgré cela, le choix de bons jouets est une préoccupation constante des parents.

Entre 1 et 3 ans, l'enfant appréciera les jeux d'encastrement, de construction, les cubes, les jouets qu'on roule, qu'on pousse mais aussi les figurines… et beaucoup d'autres choses ! Le jeu est un terrain d'expérience et d'imagination, et l'usage que l'enfant fait d'un jouet n'est pas toujours celui initialement prévu.

Choisir le bon jouet

Le jeu est l'activité principale entre 1 et 3 ans. Un enfant peut certes utiliser tout ce qui lui tombe sous la main pour jouer, mais cela ne veut pas dire que les jouets du commerce sont inutiles. Au contraire : ils peuvent être d'excellents outils pour éveiller, stimuler, développer l'imagination et les capacités intellectuelles. Il est donc important de proposer un bon matériel de jeu, chaque jouet faisant appel à une expérience d'apprentissage spécifique.

Un bon matériel de jeu

- **Lorsque vous achetez un jouet, demandez-vous quel est son intérêt pédagogique :** va-t-il aider l'enfant à mieux parler, favoriser sa motricité fine, son imagination, sa créativité ?

- **Demandez-vous aussi si c'est un bon complément à ce qu'il possède déjà.** Plutôt que d'acheter une énième petite voiture, proposez-lui des cubes pour créer un circuit. Vous donnerez un nouvel intérêt à son jeu favori.

- **À chaque âge son jouet.** Ne visez pas trop haut en pensant qu'un jouet pour plus grand le stimulera davantage ou qu'il l'utilisera plus longtemps… au risque de le voir relégué au fond de son coffre à jouets.

- **Entre 1 et 3 ans, un enfant détourne souvent la fonction initiale d'un jouet.** Ne vous en offusquez pas. S'il aime jouer à faire des routes avec ses dominos plutôt que de les assembler, laissez-le faire. Ce détournement lui apprendra à faire preuve d'habileté et le rendra fier de son inventivité.

Jeu ludique… ou éducatif ?

Toutes les catégories de jouets sont utiles au développement. Le matériel éducatif visant à apprendre précocement les lettres et les chiffres, à stimuler la mémoire et l'attention, ne paraît pas absolument indispensable à cet âge et ne suffit pas à l'épanouissement… Des règles trop précises empêchent souvent l'enfant de jouer avec fantaisie. Les jeux d'imagination et d'imitation ont un intérêt pédagogique et éducatif tout aussi important.

« Il a tout, il ne joue avec rien ! »

- **Vous avez l'impression que votre enfant joue peu ou qu'il ne semble pas très attiré par tous les jouets qu'il a sous les yeux.** Il faut savoir que, entre 1 et 3 ans, le temps de concentration d'un enfant sur une même activité est très court. Jouer une dizaine de minutes avec un même objet est déjà un exploit !

- **Plutôt que de le laisser déverser son coffre à jouets dans sa chambre, guidez-le dans ses choix** en sortant deux ou trois jouets.

- **Il préfère courir, jouer au ballon ?** C'est tout à fait normal : les jeux physiques sont essentiels entre 1 et 3 ans. L'enfant a besoin de se mesurer à d'autres et de contacts corporels. C'est un apprentissage aussi important que les jeux d'intérieur.

- **Pour éviter trop d'excitation,** veillez à proposer alternativement des jeux physiques ou de bagarre et des jeux calmes.

Des jouets adaptés pour s'amuser en toute sécurité

Jusqu'à 3 ans, il est important de respecter les normes de sécurité et les recommandations du fabricant pour éviter essentiellement qu'aucun jouet comportant de petites pièces ne soit proposé à un enfant qui porte encore les objets à la bouche. D'autres précautions concernant les jouets faits maison ou ceux des aînés s'imposent pour que l'enfant puisse s'amuser en toute sécurité.

Être bien informé

- **La norme de sécurité figure obligatoirement sur tous les jouets, accompagnée d'un logo.**

- **Vérifiez régulièrement l'état des jouets pour éliminer ceux qui sont cassés.**

- **Veillez aussi à ne pas laisser l'enfant jouer avec les jeux de ses aînés.** Les ballons gonflables, les jouets en mousse, les jouets à pile ou avec des aimants présentent un réel danger pour les petits.

- **Attention aux jouets faits maison,** aux doudous à la mode créés en édition limitée par des stylistes. Les yeux en bouton du doudou, les paillettes cousues sur un livre en tissu peuvent être dangereux pour un enfant qui porte tout à la bouche.

- **Dans certains pays, les normes de sécurité sont assez peu rigoureuses :** dans certains pays de l'Est, les jouets contiennent de la peinture au plomb, par exemple. Renseignez-vous sur leur provenance.

Le rangement

Il est important que, dès le plus jeune âge, un enfant apprenne à respecter l'espace de chacun en ne laissant pas traîner ses jouets où bon lui semble. Ranger ses affaires lui permet de comprendre qu'à la maison comme à la crèche tous les objets ont une place précise, ce qui permet d'ailleurs de les retrouver facilement. Le rangement n'étant pas l'occupation favorite des enfants, les parents peuvent le transformer en activité éducative et ludique. L'enfant apprendra à trier et à classer ses jouets tout en s'amusant.

Jouer à ranger

▸ **Préférez les bacs en plastique de petite taille au grand coffre à jouets où tout est mélangé.** Vous pouvez aussi ranger les pièces de puzzle dans des pochettes transparentes, par exemple.

▸ **Pour inciter à ranger ce qui traîne dans sa chambre, demandez-lui de ranger d'abord tous les jouets rouges, puis les bleus, puis les verts…** Lorsqu'il ne restera plus que les multicolores, vous l'aiderez.

▸ **Pensez à toujours lui faire ranger ses jouets dans le même contenant :** les blocs et les cubes dans un bac en plastique d'une couleur, les figurines dans un autre bac de couleur différente, les peluches dans une corbeille, les balles dans un filet… Quand il voudra jouer, il saura où ses jouets sont rangés et cela l'incitera à les remettre en place quand il n'en aura plus besoin.

Du jeu d'imagination au livre

Dès la deuxième année, le jeu d'imagination fait plonger l'enfant dans l'imaginaire. Il se raconte une histoire, sur la base de saynètes inspirées de sa vie réelle. Les premiers livres manipulés ou les histoires lues par les parents sont aussi l'occasion de renforcer cet imaginaire. Et d'exorciser certaines peurs, tout en se faisant plaisir.

Les jeux d'imagination mettent en scène une histoire : les enfants jouent à la marchande, au gendarme, au pompier… à partir de saynètes qu'ils inventent. Plus tard, ils bâtissent des scénarios, se mettent d'accord sur les personnages et sur les péripéties. Cet aspect narratif du jeu d'imagination se retrouve dans les livres que les parents leur lisent.

Le livre, vecteur d'imaginaire

Bien avant d'être le support d'histoires racontées, le livre tient une place importante dans l'éducation. Au cours de sa deuxième année, l'enfant s'intéresse aux images et enrichit son vocabulaire. C'est un moment de relation privilégiée avec l'adulte : un instant d'attention conjointe dont nous avons dit toute l'importance dans la préparation au langage. Par ailleurs, certains albums pour les tout-petits favorisent le toucher et la manipulation. Aujourd'hui, la technique permet d'y introduire musique ou autres effets spéciaux. Ces livres peuvent être aussi stimulants qu'un tableau de découverte.

Comment raconter une histoire ?

C'est l'enfant qui est le guide : la plupart du temps, c'est lui qui choisit l'histoire et il est très attaché, surtout lors des rituels du coucher, à l'immuabilité du récit, qu'il connaît par cœur. Si l'adulte change une phrase ou même un seul mot, il le corrige immédiatement, donnant l'illusion qu'il sait déjà lire.

À chacun sa manière de raconter : le papa ne lira certainement pas comme la maman. L'enfant apprécie que l'adulte mette en scène le récit, en ménageant le suspense ou en modifiant sa voix en fonction des différents personnages. Les parents peuvent aussi solliciter l'imagination et la participation de l'enfant, qui doit pouvoir interrompre, poser des questions et verbaliser ses émotions.

L'histoire, un « tampon » anti-peurs entre réel et imaginaire...

Dans *Psychanalyse des contes de fées*, le psychanalyste américain Bruno Bettelheim explique que le conte de fées parle à chacun – et en particulier à l'enfant –, au niveau préconscient, de ses angoisses et lui permet de mieux les affronter. Les contes de fées, reflets imagés de ses rêves et de ses angoisses, vont l'aider à donner du sens à ce qu'il perçoit du monde des adultes sans vraiment le comprendre. Les histoires sont aussi un excellent support de dialogue entre les parents et l'enfant : elles sont l'occasion pour les parents d'expliquer à l'enfant ce qui relève de l'imaginaire et ce qui existe dans la réalité.

Dans les histoires qui font peur, il n'est pas rare que les petits s'identifient au méchant. L'enfant mime avec délectation la voracité et la férocité du loup ou discute longuement de la cruauté de la sorcière. Cette identification à l'agresseur, comme disent les psychologues, est un mécanisme de défense efficace contre les peurs courantes à cet âge.

Enfin, rappelons qu'instaurer des habitudes de lecture dès le plus jeune âge et donner le goût de lire à l'enfant sont les meilleurs moyens de créer un lien durable avec le livre, qui sera essentiel dans sa scolarité… et dans sa vie.

Les albums et les histoires

Les livres pour bébés

Vous pouvez commencer dès 1 an avec des livres en relief, en tissu ou pour le bain. Des livres tout-carton et des livres matière, des imagiers et des comptines, pour la découverte des sens, l'expérimentation et les premières notions : les formes, les couleurs, les animaux…

Sa première bibliothèque

Une bibliothèque de livres adaptés aux tout-petits ouvrira leur appétit de lecture. Avec leurs images familières, leurs histoires courtes, les premiers livres seront l'occasion de créer de petits moments précieux au cours desquels l'enfant découvre, questionne, expérimente.

- **Instaurez un « cérémonial de lecture » :** installez-vous confortablement et allumez une petite lampe. Demandez aux aînés de respecter le silence pendant la lecture.

- **Choisissez des livres bien adaptés à l'âge de l'enfant, avec une seule action par page pour les plus jeunes.** Pour rendre le récit palpitant, pensez à prendre des voix différentes qui donneront vie à chacun des personnages et amèneront l'enfant à les distinguer aisément. Jouez à bien détailler les illustrations, comparez les actions d'une page à l'autre, riez, mimez la surprise, exprimez vos émotions en pointant les images.

- **Il faut aimer les livres qu'on lit pour bien les raconter.** Faites-vous plaisir, choisissez des histoires qui vous amusent. Si votre enfant vous sent passionné par le récit que vous lisez, il le sera également !

Les livres de comptines et de chansons

Lire avec son enfant un livre de comptines, les chanter ou les mimer ensemble sont des instants privilégiés de complicité. Ces échanges ont aussi une grande valeur éducative : les sons et les paroles des chansons apprennent à l'enfant le rythme et la sonorité de sa langue.

Le rituel des comptines

- **Les comptines ont toujours été sujettes à d'infinies variantes.** N'hésitez pas à inventer la vôtre en y intégrant, par exemple, le prénom de l'enfant.

- **Il est normal qu'un enfant aime entendre de nombreuses fois la même chanson.** Cela lui permet d'apprendre les paroles par cœur et de les mimer. Il sera ensuite fier de montrer ce qu'il connaît.

- **Pensez à faire appel aux comptines et aux chansons dans les moments un peu difficiles pour l'enfant,** par exemple lorsque vous devez vous absenter.

- **Si vous avez souvent écouté ou chanté certaines comptines lorsque votre enfant était tout bébé, ne vous dites pas qu'il est à présent trop grand pour les apprécier.** Au contraire, elles font partie d'un climat affectif rassurant que l'enfant aime retrouver.

- **Chanter ou scander une comptine est également utile pour améliorer la prononciation et l'articulation de certains mots.** N'hésitez donc pas à le faire en mode « fortissimo », bien en face de votre enfant, pour qu'il vous imite.

Télévision et premiers jeux vidéo

La télé dès le berceau ? De nombreuses études ont montré qu'un usage trop précoce de la télévision et des écrans était préjudiciable au tout-petit : frein au développement psychomoteur et à la créativité, source d'angoisses et d'instabilité... Malgré tout, les parents peuvent accompagner l'enfant avec plaisir dans la découverte des tout premiers dessins animés.

Pour ou contre ? La place de la télévision fait l'objet de débats récurrents. Quatre nourrissons américains de 3 mois sur dix la regarderaient régulièrement... et 90 % à 2 ans ! Ces chiffres ont conduit en 2007 des chercheurs de l'université de Washington à signer un article dans la revue *Pediatrics*, intitulé : « L'abus de télévision tue la créativité. »

De même, depuis 2008, en France, le Conseil supérieur de l'audiovisuel (CSA) avertit : « Regarder la télévision peut freiner le développement des enfants de moins de 3 ans, même lorsqu'il s'agit de chaînes qui s'adressent spécifiquement à eux. » L'argument de ceux qui prônent une télévision spécifique pour les bébés, censée les protéger des programmes inadaptés, est à double tranchant car, en parallèle, on banalise l'usage de la télévision dès le plus jeune âge. Ce qui, dans la logique commerciale des chaînes et des publicitaires, est une excellente chose...

La télé favorise-t-elle les apprentissages ?

Les adeptes des programmes pour bébés prétendent stimuler les tout-petits. Dans le domaine du langage, c'est une contre-vérité : les bébés qui consomment de la télé avant 17 mois ont un langage plus pauvre que les autres, car seule la relation avec un adulte stimule le langage. De plus, avant 2 ans et demi, un enfant ne fait pas le lien entre ce qu'il voit à la télé et la réalité.

Des effets nocifs sur le développement et sur le comportement

Les critiques contre l'usage, dès le berceau, de la lucarne cathodique (désormais numérique) sont nombreuses. La première vise la solution de facilité qui consiste à installer l'enfant devant la télé. Il faut éviter que « la télévision ne serve de baby-sitter », remarque Marcel Rufo. De nombreux auteurs insistent, par ailleurs, sur les effets nocifs de celle-ci sur le développement et sur le comportement. Pour le psychiatre et psychanalyste Serge Tisseron, il ne faudrait pas exposer l'enfant de moins de 3 ans à la télévision, même en présence d'un adulte. En effet, si les bébés sont très attirés par les stimulations visuelles de la télévision (couleurs vives, bruit, mouvement...), ils demeurent passifs sur le plan moteur, ce qui n'est pas le cas lorsqu'ils utilisent leurs jouets.

Une source potentielle d'angoisses et d'instabilité

Autre critique : les effets pernicieux du petit écran sur le développement émotionnel. Les images violentes ou inquiétantes fascinent les petits et peuvent provoquer des difficultés d'endormissement, de l'irritabilité ou de l'agressivité. La pédopsychiatre Marcelle Sanquer explique que les images saccadées de corps en mouvement déstabilisent l'enfant, à une période où l'image du schéma corporel est en train de se construire et de s'unifier. De son côté, le philosophe Bernard Stiegler insiste sur le caractère modulable du cerveau des enfants (ce que les neurobiologistes appellent la plasticité cérébrale). Il met en équation les stimulations télévisuelles et les futurs troubles de l'attention.

Télé ou ordinateur : à consommer avec modération et en présence de l'adulte

Mais comment empêcher un enfant d'être attiré par le petit écran ? Il semble difficile d'élever les bébés dans une bulle sans télé ! Rassurons-nous, la consommation de télé n'est pas toujours préjudiciable. Le tout-petit peut très bien regarder un dessin animé ou une émission sur des animaux, en présence de ses parents. Ce qui compte, c'est d'être ensemble et de partager ce moment, par exemple en parlant avec l'enfant de ce qu'il regarde. Veillez aussi à choisir des séquences courtes.

Les logiciels de jeux adaptés aux tout-petits ont souvent de réelles qualités. À condition, bien entendu, de les consommer avec modération et toujours en présence d'un adulte. Les multimédias les plus intéressants sont ceux qui nécessitent une participation active de l'enfant. Mais l'intérêt pour ces outils apparaîtra surtout à partir de 3 ou 4 ans.

Son tout premier jeu sur écran

Les premiers jeux vidéo adaptés aux tout-petits, souvent à partir de 3 ans environ, proposent des activités d'éveil autour des mots, des couleurs, des animaux ou des formes… L'enfant peut prendre du plaisir à découvrir ces jeux en présence de ses parents. Ces derniers l'aideront à suivre la consigne, à passer à l'étape suivante… Mais toucher, manipuler de vrais objets, jouer avec des personnes bien réelles sont des expériences bien plus importantes pour son développement.

Bien choisir un jeu vidéo

▸ **Tous les petits ont tendance à pianoter vigoureusement sur un clavier.** La solidité des touches est donc le point essentiel à tester.

▸ **Veillez à vérifier la tranche d'âge.** La plupart des consoles pour enfants ne sont pas adaptées aux moins de 3 ans.

▸ **Préférez toujours les jeux simples de cause à effet.** Dès que l'enfant fait bouger la souris ou tape sur une touche, une action doit se produire à l'écran. Et le curseur doit être suffisamment grand pour que l'enfant voie bien son déplacement.

▸ **Les sons numériques ne sont pas toujours de grande qualité.** Privilégiez ceux qui offrent la possibilité de baisser le volume et dont la sonorité est agréable.

Découvrir ensemble l'ordinateur

L'outil informatique fait partie de la vie quotidienne. Il n'y a donc aucune raison de l'interdire aux enfants. Les parents doivent toujours être à leurs côtés pour leur permettre de profiter des activités ludiques du matériel informatique qu'ils ont entre les mains. De courtes séquences de jeu partagées sont une bonne façon de répondre à leur curiosité pour ce drôle d'objet.

Pour une utilisation raisonnée

- **Regardez ensemble l'album de photos de famille sur l'ordinateur.** Proposez aux enfants de cliquer pour faire défiler les images. C'est une activité qu'ils apprécient beaucoup et qui favorise le dialogue.

- **Il est inutile, avant 3 ans, de préférer un jeu éducatif à un jeu purement ludique.** À cet âge, l'enfant va apprendre en priorité à manipuler une souris, à percevoir la différence entre un clic « glissé » et un clic « maintenu » et va ainsi développer sa motricité fine.

- **La concentration d'un enfant est de courte durée.** Les parties de jeux vidéo doivent être très courtes : pas plus qu'une dizaine de minutes de jeu. D'ailleurs, les enfants de 2 ou 3 ans se lassent très vite des activités sur écran, qui demandent une attention soutenue.

- **Lorsque c'est possible, programmez la séquence de jeu vidéo de l'aîné pendant la sieste du plus jeune.** C'est le meilleur moyen d'éviter au plus grand d'être sans cesse dérangé et au plus petit de regarder passivement des images défiler.

La télé des petits

Le petit écran est déconseillé aux enfants de moins de 3 ans, car il nuit au développement de l'imaginaire. Les programmes pédagogiques n'ont en réalité aucune fonction éducative à un âge où, pour apprendre, tous les sens de l'enfant doivent être en action. Pour progresser, l'enfant doit avoir envie de bouger, de toucher, de sentir, de communiquer… et rien de tout cela n'est possible devant un écran.

Un programme télé réduit au minimum

- **Lorsque les frères et sœurs regardent une de leurs séries préférées, proposez au plus jeune une activité valorisante ou qu'il aime particulièrement.** Il s'éloignera du poste de télévision sans regret !

- **Insistez aussi auprès des plus grands pour qu'ils baissent au minimum le son du téléviseur** afin d'éviter que le petit n'abandonne ses jeux, attiré par leur programme.

- **Si vous avez besoin de « fixer » votre enfant quelques minutes, préférez toujours le DVD à la télévision.** Le cérémonial de la mise en route de l'appareil, en marquant bien le début et la fin d'un dessin animé de courte durée, permet à l'enfant de reconnaître l'aspect exceptionnel de l'activité.

- **Ne culpabilisez pas : tous les parents se servent de temps à autre de la télé pour distraire leur enfant et souffler un peu.** Cependant, si vous jugez que la télé est allumée un peu trop souvent chez la nounou ou chez les grands-parents, alertez-les sur sa nocivité.

Les bonnes habitudes

Beaucoup de films d'animation et de dessins animés sont d'excellente qualité. Plutôt que de diaboliser tous les écrans, par peur de voir votre enfant devenir dépendant, choisissez-lui de petits films de qualité. De nombreux DVD proposent de retrouver ses héros préférés, ceux qu'il connaît à travers des livres. Regarder ensemble quelques épisodes de temps à autre est un rendez-vous ludique, agréable… et de qualité.

- **Faire la grasse matinée un dimanche matin en installant votre enfant devant des dessins animés qu'il regardera en boucle en attendant que vous vous leviez, c'est tout aussi tentant que risqué.** Car l'enfant risque de réclamer ce rituel longtemps. Mieux vaut lui préparer une corbeille de jeux et de livres la veille et l'inviter à venir s'amuser calmement dans votre chambre. Vous pourrez ensuite, si le cœur vous en dit, regarder ensemble un dessin animé.

- **Plutôt que de mettre un DVD par réflexe ou dès que l'enfant le réclame, pensez à programmer ensemble le moment du dessin animé :** après la piscine, après la sortie au parc… C'est un rendez-vous que l'enfant attendra avec plaisir.

- **Certains cinémas proposent des séances pour cinéphiles en herbe dès 2 ans :** c'est une façon originale de découvrir des histoires pleines d'imagination et de poésie… loin des programmes assez « normés » de la télévision.

la vie familiale et sociale

Dès la naissance, le bébé communique, échange, interagit : le cercle familial constitue sa première expérience sociale. Ces liens primordiaux sont essentiels : plus ils seront chaleureux et sécurisants, plus l'enfant sera en mesure de tisser des relations de qualité avec les autres et de prendre son envol vers l'autonomie.

C'est au sein de sa famille que le tout-petit se construit et expérimente les premiers liens avec autrui. Il y trouve les modèles identificatoires pour étayer sa personnalité et se préparer à la socialisation. S'il reçoit des bases solides d'affection et de sécurité, il sera prêt à s'éloigner du cercle familial sans éprouver de crainte.

La théorie de l'attachement selon John Bowlby, un psychanalyste anglais, accordait une place exclusive à la mère dans les soins précoces. Aujourd'hui, on parle plutôt d'attachements multiples, avec le père mais aussi avec tous les adultes qui s'occupent de l'enfant. Même si la relation aux parents reste la plus importante, un enfant a beaucoup d'autres échanges au sein de sa famille : avec ses frères et sœurs, avec ses grands-parents… En grandissant, il va multiplier les liens sociaux : à l'extérieur de la famille, à la crèche ou à l'école. Plus l'attachement aura été sécurisant et de qualité, plus l'enfant sera capable d'attitudes positives avec ses pairs.

La fonction paternelle

La fonction paternelle est essentielle dans le développement de l'enfant, qui se construit en s'enrichissant de ce qui appartient à ses deux parents, dans leur originalité respective. Le rôle du père, qui est de faciliter la séparation entre la mère et le tout-petit, participe à la socialisation de l'enfant et contribue à faire évoluer une relation dyadique (entre deux partenaires) en une relation triadique (à trois). Le père favorise l'ouverture sociale, l'autonomie, le développement du langage et des connaissances. Souvent qualifié de « pont social » et de « pont linguistique », il est celui qui va ouvrir l'enfant à l'altérité, au monde. Il l'incite à s'intégrer socialement et à partager avec ses partenaires un certain nombre de règles.

La contribution paternelle est aussi essentielle dans la façon dont l'enfant se construit comme garçon ou fille – l'identité sexuée. En effet, les pères sont fortement différenciateurs dans leurs conduites – apprentissages, discours, activités – à l'égard de leur enfant, selon qu'il s'agit d'une fille ou d'un garçon. Ces attitudes amènent le petit garçon ou la petite fille à développer des conduites spécifiques à son sexe.

L'enfant dans la famille

Ce n'est pas seulement le père et la mère séparément qui jouent un rôle dans le développement de l'enfant, mais aussi leur relation, c'est-à-dire le couple parental. L'entente du couple est, en effet, ce à quoi l'enfant est le plus sensible pour se sentir en sécurité La famille doit être un espace rassurant, aimant et bienveillant dans lequel l'enfant se sent aimé et accepté. La stabilité des attitudes parentales, les réactions, les encouragements mais aussi la capacité de tous les membres à agir ensemble – et pas seulement côte à côte – vont donner à l'enfant suffisamment de confiance pour lui permettre d'explorer ce qui se passe un peu plus loin. La métaphore du « camp de base » des alpinistes développée par la psychologue France Frascarolo-Moutinot est dans ce sens très parlante. C'est au camp de base que le tout-petit se prépare, prend des forces pour les phases d'exploration et d'ascension.

Les parents

Pour le jeune enfant, les parents constituent les deux principales figures d'attachement. Chacun tisse avec lui des liens différents, mais fondamentaux. Le père, la mère et l'enfant constituent une triade structurante et épanouissante. À condition, toutefois, que chacun conserve son espace propre.

Le rôle des parents a grandement évolué ces dernières décennies : il n'est plus inscrit dans les schémas normatifs et stéréotypés de la société de naguère. La place des pères, en particulier, a beaucoup évolué : ils sont désormais impliqués dans les soins du bébé, et l'autorité parentale est partagée. Néanmoins, même si le père « materne » incontestablement plus qu'autrefois, la mère garde une place essentielle dans les soins du tout-petit.

Le père, porteur de la différence sexuée

Le père est davantage présent quand l'enfant commence à marcher, et en particulier la deuxième année. Il le stimule sur le plan physique et lui propose des activités et des jeux différents de ceux proposés par la mère. Par ailleurs, l'interaction du père avec l'enfant sera différente selon le sexe. Les jeux moteurs, très animés, seront plus fréquents avec les garçons, les jeux plus « doux » avec les filles. Le père favorise donc très nettement la façon dont l'enfant se construit comme garçon ou comme fille et la manière dont il s'identifie à chacun de ses parents, avant d'entrer dans la phase du complexe d'Œdipe, après 3 ans.

La parentalité

Il est important de distinguer le couple parental du couple conjugal, notamment dans le contexte d'une séparation – le couple parental perdure en effet au-delà de la séparation.

Même en l'absence de conflits dans le couple, il n'est pas toujours aisé d'être le parent d'un enfant de 2 ans. Chacun, le père ou la mère, peut se sentir incompétent et avoir l'impression de ne pas être à la hauteur. Concilier vie professionnelle et obligations parentales est bien souvent épuisant. Et il arrive que le parent ressente une certaine culpabilité lorsqu'il ne supporte plus les crises de colère de l'enfant. Tout cela est normal et temporaire : il n'y a pas d'amour sans ambivalence.

L'harmonie familiale suppose que chacun préserve du temps pour soi, que l'espace personnel soit respecté et que le couple conjugal coexiste avec le couple parental. Tout le monde y trouvera son compte. En particulier l'enfant, qui se nourrit de l'harmonie familiale et du lien qui unit ses parents.

Des parents sécurisants

Entre 1 et 3 ans, pour se développer, un enfant a essentiellement besoin d'avoir à ses côtés des parents qui lui transmettent leurs valeurs familiales. C'est en lui apportant une présence de qualité au quotidien qu'ils créeront des liens affectifs sécurisants.

- **Il est très important pour l'enfant de saisir dès son plus jeune âge qu'il ne peut pas jouer avec les décisions de ses parents,** en réclamant à l'un ce que l'autre lui a refusé. C'est ainsi qu'il va assimiler les valeurs parentales et s'adapter à une organisation familiale cohérente.

- **Prenez du temps avec l'enfant pour lui transmettre quelques petits gestes de générosité,** d'entraide, de partage, les premiers mots de politesse qui vous conviennent. Ces habitudes mises en place très tôt seront ancrées pour toujours.

Des parents surmenés

La relation d'attachement que chacun souhaite établir avec son enfant est parfois mise à mal par les emplois du temps des uns et des autres. Il est donc important de privilégier la qualité du temps passé en famille.

- **Un petit enfant a besoin de régularité pour son bien-être.** Veillez à ne pas être en retard lorsque vous venez le chercher à la crèche. Ne modifiez pas trop ses horaires de repas et de siestes pendant le week-end.

- **Si vous voyez peu votre enfant dans la semaine, profitez à fond du temps passé avec lui pendant le week-end et les vacances.** Faire une pause et consacrer du temps à son enfant est essentiel à son épanouissement.

Protéger sans surprotéger

Même si les fonctions spécifiques de la mère et du père restent des repères importants et structurants pour l'enfant, c'est ensemble que les parents apportent l'affection et la protection nécessaires à un bon départ dans la vie. Mais être disponible, aimant et attentif ne signifie pas répondre à tous ses désirs ou le surprotéger au risque de le voir devenir anxieux et de freiner son apprentissage vers l'autonomie.

L'aider à faire seul

- **Par manque de temps, il est souvent plus facile de faire les choses à la place de l'enfant.** Cette attitude risque de le rendre passif et peu débrouillard. Dès 2 ans, veillez à le laisser le plus souvent possible s'habiller, manger, se laver seul. Votre rôle d'« assistant » consistera à lui donner des conseils, à lui apprendre les bonnes techniques en nommant les gestes à effectuer. Insistez sur votre fierté de le voir se débrouiller par lui-même, sans exiger la perfection.

- **Dès que vous le voyez s'énerver dans une situation qui nécessite un effort de sa part, ne vous précipitez pas** pour lui apporter de l'aide. Par la suite, si vous n'allez pas le secourir au moindre problème, il risque de retourner sa colère contre vous et de ne pas chercher lui-même une solution.

- **Un enfant intellectuellement curieux passe d'abord par une étape d'exploration motrice.** Si, au lieu de lui apprendre à faire seul, vous faites tout avec lui, il apprendra moins bien et moins vite.

- **L'encouragement est un excellent moteur.** Plutôt que de manifester une peur excessive quand il fait une chute sans gravité, montrez-lui que vous êtes impressionné par son courage.

La place du père

Le père et la mère participent de plus en plus couramment à part égale à l'éducation de l'enfant. C'est évidemment une bonne chose, mais il est important de ne pas brouiller pour autant leurs places respectives. La fonction du père doit être complémentaire et non similaire à celle de la mère. Pendant la petite enfance, son rôle consiste à aider l'enfant à se séparer de la mère et à développer son identité en dehors de la symbiose maternelle. Le père a aussi un comportement différent à l'égard de l'enfant, dans ses propos ou dans ses jeux.

Accorder de l'importance au rôle du père

- **C'est aussi la mère qui, en lui laissant de la place, crée le père :** n'hésitez pas à vous montrer complémentaires en proposant à votre enfant de faire certaines activités seulement avec son papa.

- **Beaucoup d'enfants adorent jouer à la bagarre avec leur père.** Ces jeux sont très utiles : ils font baisser l'agressivité, apprennent à l'enfant à respecter les premières règles de jeu et à s'autocontrôler.

- **Un petit enfant a besoin de sentir que son papa est le plus grand, le plus beau, le plus fort.** Soyez à la hauteur de ses attentes en ne ratant sous aucun prétexte les moments forts de sa vie enfantine, en aidant à organiser la fête de fin d'année à la crèche, en animant ses premiers goûters d'anniversaire.

- **L'autorité doit être partagée.** Refusez de jouer au papa sévère et autoritaire que la maman appelle quand l'enfant a désobéi. Chacun à sa façon doit faire respecter les règles familiales sans avoir besoin de déléguer.

Parent solo

Vivre seul(e) avec un jeune enfant ne signifie pas renoncer à une vie de famille équilibrée et épanouissante. Mais le chef du foyer monoparental doit s'assurer que l'enfant occupe la place qui lui revient : l'enfant n'est pas le compagnon du parent et son parent n'est pas son copain. La vie de famille se déroule alors comme dans une famille « ordinaire » avec ses bons et ses mauvais moments. Les situations imprévues, qui font partie du quotidien de toutes les familles, seront plus faciles à gérer pour le parent s'il réussit à se constituer un réseau de soutien. En dehors de l'aspect pratique, ce réseau permet à l'enfant de tisser des liens forts hors du cercle familial. Un atout qui évite les rapports trop fusionnels entre parent et enfant.

Bien vivre une vie de famille monoparentale

- **Veillez à ne pas devenir le parent-copain** qui rentre le soir uniquement pour les câlins et laisse les adultes qui gardent l'enfant dans la journée se charger des questions d'autorité. L'enfant risquerait de ne plus vous identifier comme chef de famille, ce qui ne serait bon ni pour lui ni pour vous.

- **Organisez autour de vous un réseau d'amis prêts à vous dépanner,** mais aussi à vous soutenir.

- **Ayez aussi auprès de vous une personne-ressource qui a un vrai lien affectif avec l'enfant** et sur laquelle vous pouvez compter. Elle pourra vous remplacer le jour où vous vous sentirez épuisé(e).

- **Même si l'autre parent n'est pas là, il est très important pour l'enfant de garder un lien avec lui** lorsque cela est possible : lui écrire une carte postale ou lui faire un dessin sont des petits gestes qui comptent.

La fratrie

La fratrie constitue la première expérience relationnelle de l'enfant : il y exprime une diversité de sentiments et tisse avec ses frères et sœurs des liens d'attachement forts qui participent à sa construction.

Avec les parents, les frères et sœurs sont les personnes les plus importantes pour l'enfant, et c'est en fonction d'eux qu'il se situe dans la famille. L'arrivée d'un bébé est un véritable événement pour l'enfant, qui a du mal à se projeter dans une nouvelle configuration familiale. On note fréquemment des réactions négatives à l'annonce d'une grossesse, mais elles ne perdurent pas forcément après la naissance. L'aîné se représente le bébé comme un rival de son âge. Le bébé réel, qui ne sait décidément pas faire grand-chose, sera sans doute beaucoup moins « dangereux » que ce bébé imaginaire. Dans un certain nombre de cas, la rivalité apparaît plus tard, quand le plus petit commence à marcher, à faire intrusion sur le territoire du grand et à devenir un compétiteur plus crédible.

Mais la jalousie la plus forte est celle ressentie vis-à-vis de la mère, que l'aîné considérait comme sa « possession », explique le psychanalyste britannique Winnicott. Selon lui, les réactions de possessivité sont normales, car elles prouvent que l'enfant est capable d'amour. D'ailleurs, une nouvelle naissance peut être l'occasion d'un rapprochement durable de l'aîné avec son père ou avec les grands-parents.

Des sentiments confus

Entre 1 et 3 ans, l'enfant est partagé entre l'envie de grandir et le désir de rester petit. À l'arrivée du bébé, il peut manifester quelques « régressions » : il réclame le biberon qu'il avait abandonné ou davantage de câlins ; alors qu'il était propre, quelques accidents nocturnes réapparaissent souvent.

Chez la plupart des enfants, l'amour et le rejet coexistent : c'est l'ambivalence. Un petit garçon, pourtant bien informé de la naissance de son petit frère, a accueilli sa mère qui rentrait de la maternité en disant : « Qu'il est beau, qu'il est mignon », puis, après un instant, il a ajouté : « Elle vient le chercher quand, sa maman ? »

L'enfant est soulagé que ses parents lui reconnaissent le droit de détester son petit frère ou sa petite sœur. S'il n'a pas la possibilité d'exprimer sa colère, il risque de se venger en cachette. L'agressivité dans la fratrie peut s'exprimer par des bousculades, des gestes brusques, des jouets lancés en direction du bébé – tout en observant la réaction des parents. Plus tard, l'aîné pourra trouver amusant de raconter aux plus petits des histoires qui font peur. C'est ce que Lacan appelle la « frérocité ».

Il est nécessaire d'expliquer à l'enfant qu'il a le droit de détester le bébé, mais qu'il n'a pas le droit de lui faire du mal. Il faut lui signifier aussi que la parole a d'autres limites : si on peut tout exprimer de son chagrin ou de sa colère à ses parents, on ne doit pas dire des mots qui font mal au plus petit.

Frères et sœurs, du complexe à l'amour

Des études ont montré que les relations dans la fratrie dépendent de l'âge de l'aîné à la naissance du puîné. Si l'aîné a moins de 2 ans, le « complexe d'intrusion », selon les termes de Lacan, provoqué par l'arrivée d'un nouveau-né a un effet structurant, qui facilite la différenciation entre soi et non-soi. Entre 2 et 4 ans, la jalousie est plus manifeste, car l'enfant est en train de se définir comme un individu distinct. Comme pour le complexe d'Œdipe, on peut parler d'un complexe fraternel, qu'il ne faut toutefois pas voir sous le seul l'angle négatif de la rivalité, car, à l'instar de l'Œdipe, il est porteur d'un effet structurant pour le développement.

Il existe aussi des liens d'attachement propres aux relations entre frères et sœurs. Les aînés sont sécurisants pour les petits, notamment lors des séparations. Même si la fratrie est moins efficace que les parents pour consoler en cas de peurs ou de cauchemars, il arrive que les petits cherchent du réconfort dans le lit d'un plus grand, surtout si le lit parental est interdit.

Les relations entre les enfants, quand ils grandissent, recouvrent aussi une complicité qui n'exclut pas les rivalités, parfois importantes. Il n'est pas rare qu'un petit aille défendre le plus grand qui se fait gronder par les parents. L'amour dans la fratrie doit être suffisamment fort pour supporter les conflits. À cet âge, les disputes fraternelles témoignent davantage de la compétition pour l'amour maternel qu'elles ne présagent des futures relations entre frères et sœurs.

Le groupe familial

Au sein de sa famille, le petit enfant s'initie à la vie avec les autres. Cet avant-goût de socialisation l'aidera à s'adapter aux activités collectives dès qu'il sera en âge d'aller à l'école. Dans sa fratrie, il fait ses premières expériences de partage, d'échange et de respect des autres. Il affirme aussi son identité quand il ne se laisse pas dominer par ses frères et sœurs, sans devenir dominateur à son tour. Un groupe familial équilibré, où chacun sait qu'il a une place unique et importante, lui permet de s'épanouir à son rythme.

Le plaisir de faire ensemble

- **Alternez les sorties en famille au grand complet et les activités avec un seul enfant.** C'est important pour l'enfant de passer un peu de temps seul avec ses parents.

- **Donnez à chacun des enfants une petite responsabilité pour leur montrer leur rôle au sein de la famille.** Dès 2 ans, un enfant sera fier d'être chargé d'essorer la salade ou d'arroser une plante dans le jardin. Dès 3 ou 4 ans, il pourra seul, et avec la monnaie exacte, acheter le pain pendant que vous l'attendez à l'entrée de la boulangerie, ou appeler ses frères et sœurs lorsqu'il est l'heure de se mettre à table…

- **Lorsque vous partagez le repas familial, assurez-vous que les plus grands ne monopolisent pas la conversation.** Veillez à ce que chacun, à son tour, puisse raconter sa journée. Vous aiderez le plus petit à dire quelques mots sur ses activités à la crèche ou chez sa nounou, en veillant à ce que tout le monde l'écoute.

Les jeux entre frères et sœurs

Lorsqu'on est le plus petit de la famille, il n'est pas toujours facile de prendre part aux jeux. Le jeune enfant, malhabile, moins bien entraîné, est souvent en situation d'échec. Il exprime alors sa contrariété par des cris ou des gestes agressifs, qui entraînent d'inévitables chamailleries. Il faut veiller à ce que le jeu ne se réduise pas à un rapport de forces. Les petits gestes de générosité et d'entraide des plus grands lui serviront d'exemple et lui apprendront que la loi du plus fort n'est pas le seul moyen d'expression possible.

Vers 2 ans, vous pouvez proposer à l'enfant de participer avec ses frères et sœurs à ses premiers jeux de société. Pour qu'il ne se décourage pas face à des joueurs mieux entraînés, privilégiez les jeux coopératifs. Dans ces jeux de société fondés sur l'entraide, tout le monde perd ou tout le monde gagne !

Apprenez aux aînés à être souples lorsqu'ils jouent avec leur petit frère ou sœur, à ne pas le « titiller » sans cesse pour le mettre en colère. Être généreux, expliquer, partager sont source de fierté et sont très utiles dans la vie en société.

Être un bon arbitre

- **N'intervenez pas uniquement lorsque les enfants se disputent lors d'un jeu.** Quand vous les voyez bien jouer ensemble, marquez votre contentement en leur disant que vous êtes fier(e) de leur coopération.

- **Lorsqu'un enfant convoite systématiquement le jouet avec lequel s'amuse son frère ou sa sœur, organisez des « tours ».** Échanger son jouet est un apprentissage « anti-compétition » que les enfants d'âges rapprochés apprécient. L'un aura le jouet avant le goûter, l'autre après. Ils prendront ainsi naturellement l'habitude de partager.

La rivalité entre frères et sœurs

Les disputes et les rivalités apprennent aux enfants à affirmer leur caractère, à partager l'amour de leurs parents, à tester leurs limites et leurs forces dans une situation de conflit. Les parents doivent cependant être vigilants et instaurer des règles de respect et de partage. Elles permettront à chaque enfant de forger sa propre personnalité, sans ressentir le besoin d'agir toujours comme son frère ou sa sœur pour exister.

Bien vivre ensemble

- **Apprenez à vos enfants à se rendre service mutuellement.** Un enfant très habile pourra, à votre place, aider un plus petit à boutonner son pull, à ouvrir son pot de yaourt… ou à monter de grandes tours en Lego qu'un plus jeune prendra ensuite plaisir à détruire !

- **En cas de dispute, adressez-vous aux deux.** Expliquez à l'un qu'il est interdit de taper et donnez à l'autre quelques idées pratiques pour lui apprendre à régler seul un conflit.

Respecter la personnalité de chacun

- **Ne comparez jamais vos enfants entre eux.** Ne demandez pas à celui qui est un peu timoré d'être aussi bavard que son frère, à un impatient d'avoir le caractère calme et posé de son aîné. Chaque personnalité a ses forces et ses faiblesses.

- **Ne cherchez pas à appliquer un principe d'égalité absolue entre les enfants dans tous les domaines.** C'est le meilleur moyen de nourrir leur rivalité. Selon l'âge, la situation, les capacités de chacun, il est normal que certains enfants aient certains droits que d'autres n'ont pas encore.

Annoncer l'arrivée d'un bébé à son enfant

Il est fréquent qu'un enfant soit perturbé par l'arrivée d'un bébé dans la famille. Un petit de 18 mois ne se sentira pas trop concerné par ce grand événement. Plus tard, entre 2 et 3 ans, il y sera plus sensible. En le faisant participer aux conversations autour de la naissance, vous l'aiderez à endosser petit à petit son futur rôle de grand frère ou de grande sœur.

Le préparer en douceur

- **Entre 2 et 3 ans, un enfant n'a pas de notion précise du temps.** Annoncez-lui la nouvelle dès que vous en avez envie, mais attendez le sixième mois pour commencer à lui parler de sa future place d'aîné.

- **Si vous avez des amis qui viennent d'avoir un bébé, emmenez votre enfant chez eux.** Il pourra ainsi se rendre compte qu'un petit bébé a surtout besoin de manger et de dormir, et comprendra qu'il ne sera pas immédiatement un compagnon de jeu.

- **Ne bouleversez pas les habitudes de votre enfant au dernier moment.** S'il doit changer de lit ou de chambre, faites-le bien avant l'arrivée du bébé.

Le jour J

- **Lorsque votre enfant vient vous voir à la clinique ou vous retrouve à la maison, ne lui demandez pas d'accorder trop d'attention au bébé.** C'est surtout vous qu'il veut voir parce que vous lui avez beaucoup manqué ! Pensez à lui réserver un petit moment en tête à tête, montrez-lui que vous êtes contente de le retrouver, intéressez-vous à ce qu'il a fait pendant votre absence.

L'arrivée du bébé

Pour un jeune enfant, l'excitation précédant l'arrivée d'un bébé à la maison cède souvent la place à la déception : ses parents sont moins disponibles, le bébé attire toute l'attention… rien ne sera plus comme avant. Ce sentiment de jalousie est tout à fait normal et l'enfant a le droit de l'exprimer… à condition bien entendu qu'il ne fasse pas de mal au bébé. Il est important de faire comprendre à un enfant que l'arrivée du bébé ne menace en rien l'amour qu'on lui porte. Il lui suffit parfois d'entendre ses parents lui dire un peu plus souvent que d'habitude qu'ils l'aiment comme avant pour apaiser ses craintes.

Les premières semaines

- **Il est courant qu'un enfant demande à ses parents de rendre le bébé.** Ne le réprimandez pas. Discutez avec lui sans nier ni rejeter ses sentiments négatifs. Montrez-lui que vous savez qu'il est dans une situation nouvelle, qu'il est normal qu'il se sente parfois en colère ou jaloux.

- **Expliquez avec douceur et fermeté à un enfant qui exprime sa jalousie que les propos et gestes agressifs à l'égard du bébé sont interdits.** En revanche, dites-lui qu'il a le droit d'être en colère ou malheureux et que vous êtes là pour l'écouter et en parler avec lui.

- **Pensez à offrir un petit cadeau de la part du bébé à chacun de ses frères et sœurs.** Demandez aussi que le plus jeune de la famille déballe les paquets cadeaux que le bébé reçoit et les présente au bébé.

- **Assurez-vous que votre enfant a chaque jour un vrai moment d'intimité, seul avec son papa ou sa maman.** Le temps d'un jeu, d'une histoire ou d'une balade, votre enfant sera fier de faire avec vous des activités de grand.

Les comportements « régressifs »

Lors de l'arrivée d'un nouveau-né, les parents observent parfois chez leur aîné des comportements dits « régressifs », qui peuvent être accentués par d'autres changements – un déménagement ou l'entrée à l'école. Il ne veut plus rien faire seul, réclame de nouveau un biberon... Il faut soutenir l'enfant qui, à sa façon, signale à ses parents qu'il se sent perdu, inquiet... et pas si grand. Cette situation, qui ne dure jamais longtemps, est tout à fait normale. Soyez patients, rassurants et montrez-lui que vous êtes sûrs de ses capacités à bien faire – cela l'aidera à restaurer son sentiment de sécurité perdu.

Bien réagir devant un comportement régressif

- **Les accidents de pipi au lit qui avaient disparu depuis longtemps réapparaissent ?** C'est tout à fait courant et ne doit pas vous inquiéter. Passé le choc de la naissance et des premières semaines, votre enfant retrouvera sa capacité à aller seul aux toilettes ou sur le pot.

- **Il réclame son ancien biberon ?** Insistez sur son habileté à boire au verre mais achetez des petites gourdes de compote, des bidons de yaourt pour le remplacer. Régalez-vous ensemble et dites aussi au bébé (qui n'en sera pas le moins du monde gêné) que seuls les grands y ont droit !

- **N'abusez pas de la formule « Tu es un grand maintenant ».** S'il voit le bébé passer la plupart du temps dans vos bras à se faire câliner, il risque de ne plus trouver aucun intérêt à être grand.

- **Déménager est souvent une épreuve supplémentaire pour un enfant au moment d'une naissance.** Veillez à ne pas changer toutes ses habitudes d'un seul coup.

L'enfant unique, les jumeaux

L'enfant unique comme les jumeaux ont des places à part au sein de la famille. Sans frère ni sœur, le premier est l'objet exclusif des attentions – et des angoisses – de ses parents, tandis que les seconds sont ensemble depuis toujours... Qu'est-ce que cela change ?

Chaque enfant est unique, mais certains le sont plus que d'autres, pourrait-on dire. Cette situation résulte parfois d'un choix parental, d'autres fois ce sont les circonstances de la vie qui n'ont pas permis la conception d'autres enfants.

L'enfant unique souffre d'une mauvaise image : égoïste, gâté, capricieux, asocial... Dolto elle-même disait en 1950 : « Lorsqu'ils grandissent, les enfants uniques sont hyper-verbaux et hyper-sensoriels... des êtres nuls du point de vue des échanges humains. »

À tel point que les parents d'enfant unique peuvent se sentir culpabilisés. N'ayant pas à partager avec d'autres et ne souffrant pas de la rivalité fraternelle, l'enfant unique est forcément trop gâté et égoïste. On en viendrait presque à se demander si tant de critiques ne cachent pas un peu de jalousie...

Au cœur de la famille

L'enfant unique n'est pas un schéma familial rare : il concerne une famille sur quatre environ. L'enfant seul est de facto au centre de toutes les attentions parentales. Le temps libre et l'amour de ses parents ne sont pas à partager, ils sont entièrement pour lui, ce qui lui procure un sentiment de sécurité. Mais cet amour est parfois étouffant. Lors des conflits entre les parents, le soutien de la fratrie lui manquera. Dans une famille monoparentale en particulier, il peut se trouver dans une relation fusionnelle avec sa mère (ou son père) en l'absence de tiers extérieurs, ce qui n'est pas souhaitable. Élevé dans un monde d'adultes, l'enfant unique sera peut-être plus mûr et plus raisonnable. Mais ses parents devront lui poser autant de limites et de règles qu'à tout autre enfant, même si, en l'absence de « complices », il sera sans doute moins enclin à les transgresser...

Les jumeaux

S'agit-il de vrais ou de faux jumeaux ? Cette question est souvent posée aux parents. On distingue, en effet, les vrais jumeaux (monozygotes), issus d'un même embryon et se ressemblant comme deux gouttes d'eau, des faux jumeaux (dizygotes), fruits de deux embryons distincts et dissemblables génétiquement.

Environ 20 % des jumeaux, monozygotes comme dizygotes, sont « en miroir » : l'un semble le reflet de l'autre. Par exemple, l'un est droitier quand l'autre est gaucher. Cette symétrie peut se situer à des niveaux multiples : implantation des cheveux, empreintes digitales...

Une individualisation plus tardive, mais réelle

Les jumeaux ont beaucoup intéressé les psychologues du développement qui se sont demandé comment ils se différencient de leur image dans le miroir au cours de la deuxième année pour acquérir leur individualité.

Les études montrent qu'il y a bien un retard des acquisitions dans la prime enfance. En matière de langage notamment, les jumeaux développent parfois une langue, ou plutôt un jargon, compréhensible d'eux seuls. Mais ce retard est comblé, en général, vers 3 ans et a complètement disparu à l'entrée à l'école.

De plus, les jumeaux manifestent souvent des personnalités bien différentes. L'un des deux sera très attaché à son frère ou à sa sœur, alors que l'autre est plus autonome et plus indépendant. Ce qui culpabilise les parents, qui craignent que l'un des deux ne souffre davantage de leur séparation.

Différencier les jumeaux signifie-t-il les séparer à tout prix ?

L'éducation de jumeaux est toujours traversée par la crainte que le couple gémellaire ne s'isole. Encouragés par les psychologues, la plupart des parents s'efforcent de les différencier dans le choix du prénom, des habits ou des relations. Si les jumeaux sont souvent ensemble à la crèche, la tendance est de les inscrire dans des classes différentes à la maternelle. Cette distinction est en effet importante pour favoriser l'individuation de chacun, mais il ne faut pas tomber dans la volonté systématique de les séparer.

Élever un enfant unique

Tout enfant est unique avant l'arrivée d'un nouveau bébé à la maison et ce peut être un atout qui lui offre l'occasion d'être stimulé dans ses apprentissages par des parents plus disponibles. Un enfant qui est élevé sans frère ni sœur ne sera pas un enfant différent des autres. Il faut simplement veiller à ce qu'il ne vive pas en vase clos avec ses parents. Pour s'épanouir, un enfant sans fratrie doit prendre des habitudes différentes pour se sociabiliser. En fréquentant ses cousins, en partageant très tôt des activités avec d'autres enfants hors de la maison, il prendra plaisir à vivre en groupe.

Développer sa sociabilité

- **Veillez à ce que votre enfant ne soit pas seulement entouré d'adultes.** Lorsque c'est possible, privilégiez la garde en collectivité et n'hésitez pas à l'inscrire à des activités de baby gym ou d'éveil musical.

- **Comme dans une famille nombreuse, confiez-lui quelques tâches familiales.** Il n'y a aucune raison qu'un enfant unique ne soit pas, lui aussi, responsable de petites missions. Dès 2 ans, il saura vous aider à débarrasser le couvert, à vider les corbeilles à papier, à arroser les fleurs...

- **Entre frères et sœurs, on apprend souvent à régler des conflits en jouant à des jeux de société.** Ne le laissez pas toujours gagner lorsque vous faites une partie de dominos...

- **Multipliez les invitations** d'autres enfants à la maison et laissez-le dormir ou partir en vacances chez des cousins ou des amis proches.

- **Montrez-lui aussi qu'il n'a pas l'exclusivité des câlins.** Lors de vacances, de réunions de famille, de soirées avec des amis, n'hésitez pas à chouchouter un peu les autres enfants.

Les jumeaux

Entre 1 et 3 ans, les jumeaux font naturellement tout ensemble. Sans systématiquement rompre cette coopération, il est important de valoriser chacun d'eux dans un domaine spécifique, au lieu de dupliquer le comportement de l'un sur l'autre, de les habiller de la même façon ou de leur proposer les mêmes activités. C'est en les considérant comme deux enfants distincts qu'ils se sentiront capables d'exister l'un sans l'autre, qu'ils pourront avoir des avis différents. Prises dès le plus jeune âge, ces habitudes leur montreront qu'une certaine indépendance n'entame en rien leur complicité, qu'ils peuvent se séparer de temps en temps sans pour autant s'aimer moins.

Cultiver leurs différences

- **Consacrez du temps à chacun, individuellement, lorsque vous leur apprenez quelque chose.** Tout apprentissage doit se faire individuellement pour être vraiment bien intégré.

- **Ne comparez pas les jumeaux,** au risque de développer entre eux un rapport de compétition et de rivalité.

- **Gardez-vous de les étiqueter** lorsque vos proches vous demandent lequel est le « meneur ». C'est une désignation lourde à porter, qui risque de les suivre toute leur vie. Les jumeaux sont complémentaires, et c'est en les valorisant, chacun dans son domaine, que vous les décrirez le mieux.

- **Séparer des jumeaux sans explication est une expérience difficile à vivre pour les jeunes enfants.** Il est en revanche très agréable pour eux d'effectuer régulièrement une activité en solo avec un des parents.

- **Ne vous inquiétez pas si vous les entendez se parler avec leur « jargon ».** S'ils vont à la crèche, jouent avec d'autres enfants, ils parleront aussi bien que les autres à l'entrée à l'école.

Les grands-parents

Pour le petit enfant, les grands-parents sont souvent une figure essentielle d'attachement, surtout si ceux-ci le gardent souvent. Avec, à la clé, l'inscription, rassurante et aimante, dans une filiation.

Bien sûr, on ne donne plus systématiquement le prénom d'un grand-père ou d'une grand-mère à un nouveau-né. Mais ce dernier s'inscrit dans une filiation, dans une histoire familiale que les grands-parents incarnent et transmettent, sous forme de récits et d'anecdotes. Les enfants adorent ces histoires du passé – en particulier lorsqu'elles relatent les bêtises de leurs parents lorsqu'ils étaient petits. Ces anecdotes sont d'autant plus précieuses qu'il est très difficile à l'enfant de se représenter ses parents petits. La compréhension de la notion de succession de générations apparaît un peu plus tard, vers 4 ou 5 ans.

Les grands-parents, des complices

Un enfant d'aujourd'hui a souvent plus de quatre aïeuls. Du fait de l'allongement de l'espérance de vie, les arrière-grands-parents font parfois encore partie de sa vie. Par ailleurs, les recompositions familiales multiplient les grands-parents par alliance. Le tout-petit repère plus facilement la place de ses grands-parents maternels ou paternels quand ils sont présents dans sa vie quotidienne, notamment lorsqu'ils le gardent régulièrement. La grand-mère est une nourrice que l'enfant connaît depuis sa naissance, ce qui facilite énormément la séparation, du point de vue tant de l'enfant que de sa mère, qui est généralement en pleine confiance : c'est auprès d'elle que la jeune maman a trouvé le premier modèle d'identification maternelle, lorsqu'elle était petite fille.

L'enfant, de son côté, trouve auprès de ses grands-parents une attention et une patience que les contraintes de la vie quotidienne et professionnelle n'offrent pas toujours aux parents. Les aïeuls sont d'autant plus sereins dans ce rôle qu'ils n'ont pas la responsabilité de leurs petits-enfants au jour le jour. La réussite de ce mode de garde – a fortiori si c'est le seul – suppose qu'ils voient leurs propres enfants comme des adultes capables d'élever un tout-petit et qu'ils ne soient pas tentés de faire ingérence dans l'éducation, risquant ainsi de disqualifier les parents. Lorsque c'est le cas, il est important que les parents reprennent leur place et se repositionnent clairement en tant que premiers décideurs des choix qui concernent leur enfant.

Un rôle d'équilibre et de stabilité familiale

L'harmonie entre les parents et les grands-parents est fondamentale, car, en cas de différends, l'enfant risque de ressentir un conflit de loyauté. En revanche, les différences éducatives sur la manière de s'occuper de l'enfant au quotidien ne sont pas forcément gênantes. Les enfants, même petits, s'y retrouvent très bien : ils savent que certaines choses, autorisées chez les grands-parents, ne le sont pas à la maison, et inversement. Les parents sont parfois surpris de voir la grande tolérance que manifestent leurs propres parents à l'égard de leurs enfants, très éloignée de ce qu'ils ont connu dans leur enfance. Être grand-parent entraîne souvent une plus grande indulgence, une plus grande propension à « gâter » l'enfant, sans être un désaveu de l'éducation parentale.

Le rôle de tiers et de soutien que peuvent jouer les grands-parents est particulièrement important dans les familles monoparentales ou en cas de conflit ou de séparation : ils sont un point d'ancrage familial essentiel pour le tout-petit.

Une relation particulière

Il existe souvent un lien fort entre le jeune enfant et ses grands-parents. Riches de leurs expériences passées avec leurs propres enfants, ils sont plus détendus avec la dernière génération, relativisent les comportements difficiles et sont moins concernés par les problèmes éducatifs du quotidien. Ils se sentent surtout investis d'une mission : apporter, par leur amour inconditionnel, des repères qui renforceront le sentiment de sécurité du petit enfant. La maison de ses grands-parents deviendra tout naturellement la sienne, et les souvenirs transmis comme les rituels familiaux lui donneront un sentiment d'appartenance à une lignée.

Bien se connaître

- **Dès le plus jeune âge, prenez l'habitude de laisser votre enfant à ses grands-parents pour un week-end.** Ils se sentiront plus à l'aise les uns avec les autres s'ils apprennent à se connaître tôt.

- **Pensez à associer ses grands-parents à toutes les « premières fois » de votre enfant.** Appelez-les au téléphone en présence de votre enfant pour raconter ses premiers pas, sa première journée sans couches, sa première matinée à la crèche…

- **Si ses grands-parents le peuvent, demandez-leur d'aller chercher votre enfant de temps en temps à la crèche ou chez sa nounou.** Il sera fier de les « présenter » à ses amis.

- **Laissez aux grands-parents une place de choix.** N'appelez pas la grand-mère uniquement pour lui demander de venir garder l'enfant en urgence lorsqu'il est malade. Pensez à associer les grands-parents à des jours festifs : un anniversaire, une sortie au cirque…

Les grands-parents « gâteau »

Certains grands-parents aiment gâter leurs petits-enfants, parfois un peu trop aux goûts des parents. Il faut se mettre d'accord entre adultes pour éviter que l'enfant ne prenne l'habitude de tout leur demander. Le cadeau le plus précieux qu'un grand-père ou une grand-mère puisse offrir à son petit-enfant est de prendre du temps avec lui et de maintenir des relations stables et régulières. L'autre grand atout des grands-parents est leur fameuse indulgence, qui donne envie au petit de nouer avec son grand-père et sa grand-mère des relations de qualité. Les grands-parents sont d'ailleurs souvent les premiers confidents du jeune enfant.

Des relations de qualité

- **N'intervenez pas si les grands-parents offrent systématiquement un petit cadeau à votre enfant lorsqu'ils sont invités chez vous.** Ce genre de petit rituel n'en fera pas un enfant gâté. Vous pouvez cependant leur conseiller de varier les surprises en apportant un gâteau fait maison à partager, ou quelques fruits du jardin, afin que l'enfant n'associe pas forcément leur visite à un nouveau jouet.

- **Demandez à vos parents de chanter, de lire avec votre enfant,** de lui raconter des histoires, mais aussi de lui montrer les jeux de votre enfance ou de la leur. Ces activités différentes de celles qu'il connaît seront très enrichissantes et lui permettront de s'imprégner de la culture familiale.

- **Si les grands-parents ne sont pas aussi présents que vous le souhaiteriez, trouvez-lui des grands-parents de cœur.** Un parrain, une marraine, une amie proche peuvent très bien tenir ce rôle, tisser avec lui des liens très forts et devenir des personnes de référence.

Les conflits entre générations

Entre 1 et 3 ans, de nombreux enfants sont gardés par leurs grands-parents. Cet arrangement peut être très bénéfique pour tous, à condition qu'il y ait cohérence dans les consignes éducatives. Elles rassurent l'enfant, limitent les conduites d'opposition et lui permettent de se sentir bien encadré tout en profitant pleinement de la sécurité et de la chaleur offertes par ses grands-parents.

Des efforts mutuels

- **Ne pas éduquer le petit-enfant qu'ils gardent quotidiennement comme ils ont éduqué leurs propres enfants demande beaucoup d'efforts aux grands-parents.** Il est cependant indispensable qu'ils respectent vos choix les plus importants, ce qui permettra à l'enfant de bien distinguer le rôle de chacun dans son éducation.

- **Veillez à ne pas entrer en conflit avec les grands-parents s'ils s'écartent un peu de vos principes éducatifs.** Préférez les « conseils de famille », au cours desquels vous pourrez calmement expliquer ce que vous souhaitez.

- **L'hygiène et l'alimentation sont les deux sujets qui suscitent le plus de conflits entre générations.** Ne vous laissez pas influencer par les méthodes « à l'ancienne » si elles ne vous semblent pas en accord avec vos principes éducatifs. Cependant, certains conseils, empreints de bon sens, sont parfois très utiles. Ne les négligez pas !

- **Entre 2 et 3 ans, les enfants aiment inventer des histoires fantaisistes ou exagérer la réalité pour attirer l'attention.** Ne le croyez pas sur parole lorsqu'il vous dit que chez sa grand-mère il n'a mangé que des desserts, n'a pas fait de sieste, etc. Cela évitera que vous ne « gaffiez » en accusant les grands-parents de manquer d'autorité.

Les vacances chez les grands-parents

Lorsqu'un petit enfant part en vacances chez ses grands-parents, ceux-ci doivent respecter vos consignes éducatives et le rythme du petit vacancier. Mais la semaine avec un grand-père et une grand-mère est aussi pour l'enfant l'occasion de découvrir de nouvelles façons de vivre au quotidien. Dès 1 an, un enfant saura très vite s'adapter à un autre style de vie. Dès 2 ans et demi, il comprendra que des consignes ou des habitudes peuvent varier d'une maison à l'autre. En plus du plaisir des vacances, il apprendra aussi à développer sa faculté d'adaptation à des situations nouvelles.

À chacun sa façon de vivre

▸ **Lorsque votre enfant part chez ses grands-parents, laissez-les aux commandes.** S'ils retardent le moment du coucher, s'ils avancent l'heure de la sieste ou aménagent le régime alimentaire de votre enfant… ne leur en tenez pas rigueur. Si vous êtes d'accord avec eux sur l'essentiel, laissez-leur un peu de liberté et de fantaisie sur l'accessoire.

▸ **Ne pensez pas qu'en s'imprégnant des habitudes de ses grands-parents pendant les vacances, votre enfant perdra les vôtres.** Il fait bien la différence et reprendra votre façon de vivre au quotidien dès son retour à la maison.

Fêtes et traditions familiales

Les fêtes de famille sont importantes pour le développement émotionnel. Elles permettent à l'enfant de tisser des liens avec les membres de la famille qu'il ne voit pas souvent et l'aident à comprendre la notion de filiation.

C'est aussi en célébrant les anniversaires des frères et sœurs, en fabriquant le cadeau de la Fête des mères ou des pères qu'il découvre l'envie de faire plaisir. Enfin, pendant la période de Noël, le tout-petit est associé à des traditions familiales et à des croyances qui participent à sa culture familiale.

Les fêtes de famille

Les fêtes sont des moments très forts pour le tout-petit. N'hésitez pas à le préparer à l'événement, à en parler avec lui et à l'associer aux préparatifs. N'oubliez pas non plus que les soirées et repas de famille sont longs et fatigants pour un enfant. Veillez à prendre quelques précautions afin que l'excitation et le manque de sommeil ne viennent pas gâcher la fête.

Le plaisir d'être ensemble

- **Lors des réunions de famille, les repas sont parfois longs et tardifs.** Pour que votre enfant ne soit pas épuisé, affamé et trop excité à table, préparez-lui son repas avant celui des plus grands. Il sera ensuite ravi de passer le repas de fête sur vos genoux en picorant dans votre assiette ou en jouant près des membres de la famille.

- **Un petit enfant a parfois du mal à accepter de ne pas recevoir de cadeaux le jour de l'anniversaire d'un de ses frères ou sœurs.** Pour éviter les contrariétés, au moment de la distribution des cadeaux, offrez-lui un joli ballon de baudruche avec des rubans, proposez-lui de jouer à faire de grosses boules avec les papiers d'emballage...

- **N'hésitez pas à faire la fête dès qu'une occasion se présente.** Pour célébrer la première journée sans couches, offrez-lui un bain moussant parfumé, fêtez le premier jour des vacances avec un petit déjeuner digne d'un grand hôtel, improvisez un pique-nique, lors d'un jour pluvieux, en posant nappe et panier de victuailles sur le tapis du salon.

Croire au père Noël

Attendre le père Noël fait partie des grands bonheurs des enfants. Il faut sans hésiter les encourager à croire à ce mythe qui est l'un des rites les plus importants et les plus anciens de la petite enfance. Le père Noël symbolise une « manne divine », une générosité inconditionnelle : les souhaits des enfants du monde entier sont exaucés. La période de Noël est aussi l'occasion de transmettre certaines valeurs et certaines traditions. Même si l'on n'est pas croyant, ou si l'on n'est pas de confession chrétienne, on peut expliquer à l'enfant l'origine de cette fête et les traditions du monde entier.

Les premières fêtes de Noël

- **Si vous voulez transmettre à votre enfant la notion de « don gratuit », ne lui dites pas que le père Noël ne viendra pas s'il n'est pas sage.** Cette condition restrictive s'oppose à l'idée de générosité absolue. Ces menaces n'ont d'ailleurs jamais d'effet sur le comportement de l'enfant, qui comprend très vite que personne n'est jamais privé de cadeaux à Noël.

- **Vers 2 ans, l'enfant risque de vous demander comment le père Noël passe par la cheminée, où il habite...** Dans ce cas, le mieux est de lui retourner ses questions. Avec son imaginaire débordant, il trouvera les meilleures réponses. Vous pouvez aussi lui expliquer que le père Noël a des pouvoirs magiques que personne ne connaît.

- **Ne vous lancez pas dans des préparatifs de Noël trop sophistiqués avec un petit enfant : sa patience et ses habiletés manuelles sont limitées.** Les activités les plus appréciées des enfants entre 2 et 3 ans sont toutes simples : peindre des flocons à la peinture blanche sur les vitres, faire des guirlandes d'anneaux en papier, vous aider à préparer des petits sablés.

L'animal de compagnie

L'animal de compagnie, source de découverte sensitive et affective, tient une grande place dans la vie des enfants. Ceux qui grandissent auprès d'un animal aiment l'observer, le toucher... Ils doivent aussi apprendre à le respecter. Un animal sait montrer son désaccord lorsqu'on le taquine, mais c'est aux parents de poser certaines limites.

Pour sa sécurité, un enfant doit savoir que, même s'il semble totalement inoffensif, un animal peut avoir des réactions inattendues. La prudence et la gentillesse garantiront l'existence d'une grande complicité entre le petit enfant et l'ami à quatre pattes.

Apprendre à s'occuper d'un animal

La plupart des enfants souhaitent avoir un animal domestique : vivre avec un chat ou un chien leur apporte beaucoup de plaisir. Mais il faudra leur apprendre à s'en occuper avec attention et précaution : le compagnon de la famille est un être vivant, qui ne doit pas être traité comme un jouet.

Des comportements appropriés

- **Jusqu'à 18 mois, le petit enfant peut faire mal involontairement.** Tirer l'oreille du chien et le voir gémir est un jeu de cause à effet comme un autre. Dans ce cas, ne réagissez pas trop vivement. Montrez-lui plutôt comment bien s'en occuper. Ensemble, caressez doucement les oreilles du chien ou du chat en lui faisant remarquer combien ce geste est agréable et félicitez-le dès que vous le voyez faire des caresses.

- **Même le plus gentil des chiens peut avoir un jour un comportement dangereux.** Ne laissez jamais un enfant jouer seul dans une pièce ou dans le jardin en compagnie d'un animal.

- **Un chien ou un chat n'est pas une poupée.** Expliquez à votre enfant que ça n'amuse pas l'animal d'être sans cesse coiffé, déguisé ou promené dans un panier. C'est aussi une façon de lui montrer qu'il est important de respecter les goûts de chacun, humain ou animal.

Les compagnons en cage ou en bocal

Il est parfois plus facile de proposer comme animal de compagnie un rongeur, un oiseau ou un poisson rouge. Un petit animal peut être intéressant à observer et à nourrir, mais il tient rarement un rôle d'ami dans la vie de l'enfant, qui le regardera évoluer dans un milieu clos. Mieux vaut aussi savoir qu'avant l'âge scolaire un enfant ne peut assumer totalement l'entretien d'un animal, si petit soit-il.

Des petits amis à respecter

- **À partir de 2 ans, il peut être bénéfique d'avoir un petit animal de compagnie (cobaye, poisson rouge, canari).** L'enfant pourra participer, s'il le souhaite, à la préparation du repas de l'animal, au nettoyage de sa cage ou de son bocal. C'est l'occasion d'apprendre en s'amusant à s'occuper des autres.

- **Veillez à ce que votre enfant respecte le sommeil et la tranquillité de l'animal.** Il développera sa patience et comprendra qu'un hamster ne tourne pas dans sa cage sur commande ou qu'il ne faut pas effrayer un oiseau s'il veut en faire son ami.

- **Avant d'acquérir un animal, posez-vous la question de son mode de garde pendant les vacances.** Il est important de montrer à l'enfant que l'on doit respecter le plus petit des animaux et qu'on ne s'en débarrasse pas comme d'un objet usagé lorsqu'il devient gênant.

- **Les instituteurs de petite section de maternelle proposent parfois aux enfants de s'occuper d'un lapin en cage.** À tour de rôle, chaque enfant a la possibilité de le garder le temps d'un week-end chez lui. Saisissez cette opportunité. Cela sera une première expérience enrichissante.

Les modes de garde

Un mode de garde de qualité assure la sécurité affective de l'enfant tout en lui proposant des activités pédagogiques variées. La place et la fonction du professionnel qui s'occupe de lui sont clairement définies : il s'agit d'assurer la continuité du lien affectif en l'absence des parents sans pour autant se substituer à eux.

Le choix du mode de garde doit tenir compte de plusieurs facteurs : le coût, bien entendu, mais aussi la proximité avec le domicile ou les horaires de travail. Ces aspects ne sont pas à négliger car, au quotidien, un mode de garde souple évitera beaucoup de stress et favorisera l'épanouissement de l'enfant.

Les différents modes de garde

La crèche

Qu'elle soit collective, municipale ou liée à une entreprise, la crèche est une structure spécialisée qui respecte le rythme de l'enfant et veille au bon développement de sa personnalité. Les enfants sont encadrés par une équipe de professionnels dirigée par une puéricultrice diplômée. Sur le plan médical et psychologique, ils sont surveillés par un pédiatre et un psychologue. Ils profitent d'un espace et d'activités adaptés à leur âge. L'auxiliaire de puériculture qui s'occupe de l'enfant au quotidien le suit en théorie pendant les trois années de crèche. Les enfants évoluent par petits groupes. Chaque auxiliaire encadre cinq enfants qui ne marchent pas ou huit enfants qui marchent. Les activités d'éveil sont généralement dirigées par une éducatrice spécialisée.

La crèche familiale

L'enfant est gardé chez une assistante maternelle agréée tout en participant à des activités collectives dans les locaux de la crèche municipale. L'assistante maternelle est employée et rémunérée par la mairie dont dépend la crèche familiale et bénéficie d'une formation et d'un suivi réguliers.

La crèche parentale

En dehors du nombre d'enfants, limité à seize par crèche, sa particularité est l'implication des parents. En moyenne, chaque parent, à tour de rôle, passe une journée par semaine à la crèche pour aider les professionnels de la petite enfance. C'est une association qui gère la crèche, placée sous la surveillance des services de la Protection maternelle et infantile (PMI).

L'assistante maternelle agréée

C'est une professionnelle de la petite enfance qui accueille les enfants à son domicile et dont les employeurs sont les parents. L'agrément, obligatoire pour exercer la profession d'assistante maternelle, est délivré par le conseil général du département, pour une durée de cinq ans. Une évaluation est faite lors d'entretiens et de visites au domicile de la candidate afin de s'assurer qu'elle présente les garanties nécessaires. Une assistante maternelle peut accueillir jusqu'à trois enfants, de 3 mois à 6 ans.

L'auxiliaire parentale

L'auxiliaire parentale n'a généralement pas de formation en petite enfance. Elle garde les enfants chez eux, tout en effectuant éventuellement des tâches ménagères. Elle est employée par les parents et peut garder jusqu'à trois enfants à partir de 3 mois. Elle peut être employée par deux familles, en garde partagée.

La halte-garderie

C'est un mode d'accueil ponctuel – quelques heures par semaine – réservé aux enfants gardés à la maison. La halte-garderie accueille les enfants de 3 mois à 6 ans et les fait participer à des activités d'éveil.

L'établissement multi-accueil

Il combine crèche, jardin d'enfants, halte-garderie et accueil périscolaire. Il offre ainsi tous les services aux parents dans un même lieu.

Le jardin d'enfants

Il accueille généralement des enfants à partir de 2 ans et leur propose des activités préscolaires. Ce mode de garde peut être une solution, en particulier lorsqu'un enfant n'a pas de place à l'école maternelle. Certains jardins d'enfants proposent des activités inspirées de pédagogies alternatives, comme Montessori ou Steiner.

Les relations avec l'assistante maternelle

Les méthodes éducatives d'une assistante maternelle sont rarement tout à fait les mêmes que celles des parents. Mieux vaut reconnaître et accepter ces différences afin que l'enfant se sente en confiance chez sa nounou. De bonnes relations avec l'assistante maternelle sont indispensables pour que ce mode de garde soit une réussite. Pour passer de bonnes journées loin de ses parents, l'enfant doit sentir qu'ils sont contents de le confier à sa nounou et fiers de le voir accomplir des progrès grâce à elle.

Bien communiquer

- **Lorsque quelque chose vous dérange dans les méthodes éducatives de la nounou, n'hésitez pas à lui en parler.** Mais pas en coup de vent ! Prenez le temps de faire le point avec elle une fois par mois. Vous en profiterez aussi pour mettre en valeur tout ce que vous appréciez chez elle.

- **Consacrez chaque jour quelques minutes pour discuter avec elle et écouter les aventures et les anecdotes de la journée.**

- **Ne critiquez jamais la nounou en présence de votre enfant.** Cela risque de briser le lien de confiance qui les unit et de l'inquiéter. Parlez d'elle à la maison, en vacances, pour que votre enfant sente qu'elle fait partie des gens qui comptent.

- **Ne vous inquiétez pas si votre enfant appelle de temps en temps sa nounou « maman » :** en aucun cas il ne confondra sa maman et sa nounou. Et une bonne nounou saura très bien lui expliquer qu'il compte beaucoup pour elle… mais qu'il n'a qu'une seule maman.

La crèche

À la crèche, le parent est considéré comme un véritable partenaire éducatif. Le personnel veille toujours à la cohérence entre les pratiques mises en place à la crèche et celles qui existent à la maison, notamment au sujet des deux grandes acquisitions : la marche et la propreté.

Les retards

- **Les retards compliquent les conditions de travail du personnel de la crèche et ne sont agréables pour personne.** Pour les éviter, organisez un réseau avec d'autres parents afin de vous relayer lorsque l'un ne peut pas récupérer son enfant à l'heure. Ces échanges de services sont très bénéfiques, car ils évitent à votre enfant de subir votre stress.

- **Pensez toujours à prévenir la crèche en cas de retard :** cela permet à l'auxiliaire de puériculture d'en informer votre enfant. Il sera moins inquiet de ne pas vous voir arriver à l'heure.

Les maladies

- **Le personnel de la crèche est autorisé à administrer un médicament prescrit par le médecin** « lorsque le mode de prise ne présente pas de difficulté particulière ». Vous devrez simplement fournir un duplicata de l'ordonnance et un conditionnement neuf.

- **Un enfant fiévreux se repose et récupère mieux à la maison.** Sachez néanmoins que la plupart des crèches ne refusent pas d'accueillir un enfant qui a une légère fièvre, le temps pour vous de trouver une solution de garde ponctuelle. L'auxiliaire est autorisée à lui donner du paracétamol si nécessaire.

La garde à domicile

Établissez chaque semaine un programme précis d'activités et de missions pour la personne qui garde votre enfant à la maison, seul ou avec un autre enfant. Cette dernière expérience peut être très enrichissante et moins coûteuse que la garde simple, mais elle nécessite de petits aménagements et de la souplesse. L'idéal est de lister précisément avec l'autre famille toutes les questions qui se posent : le choix du domicile de garde, les repas, les sorties, les activités d'éveil...

Quelques règles à respecter

▸ **N'hésitez pas à passer à l'improviste pour voir si tout se passe bien en votre absence et notamment pour vérifier si la télévision est bien éteinte.** Si vous le pouvez, partagez de temps en temps un déjeuner avec l'auxiliaire parentale pour faire plus ample connaissance tout en faisant le point sur certains détails pratiques.

▸ **Devenez le champion des listes :** numéros de téléphone des personnes ressources (gardien, voisins, grands-parents...), consignes pour le bain, la toilette, les menus de la semaine, les règles de la maison... Vérifiez aussi que l'auxiliaire a les bons réflexes en cas d'urgence.

▸ **Limitez la garde partagée à deux familles.** L'auxiliaire parentale ne doit pas avoir la charge de plus de trois enfants.

▸ **Changer de domicile une semaine sur deux n'est pas toujours l'idéal pour un petit enfant.** Il doit à chaque fois s'adapter à son nouvel environnement. Mais l'essentiel est de maintenir un même rythme, de conserver les habitudes, les mêmes horaires de repas, de siestes et de sorties.

Les relations entre enfants

Pendant les trois premières années de leur vie, les enfants n'ont pas bien intégré la notion de « l'autre ». Chez l'assistante maternelle, ils se jalousent souvent. Les plus anciens ont du mal à accepter les nouveaux arrivants et craignent que leur nounou ne les aime moins. À la crèche, les manifestations agressives sont banales. Très habituées à ces petits conflits, tout à fait normaux, les auxiliaires de puériculture posent des interdits, verbalisent les actes pour aider les enfants qui n'ont pas tous encore accès à la parole à bien communiquer entre eux. Les enfants, qui sont en processus de socialisation, vont ainsi apprendre ce qui est acceptable ou non et commencer à appréhender ce que ressent l'autre.

Apprendre à verbaliser son mécontentement

- **L'éducateur va proposer à l'enfant de remplacer son geste par des mots.** Dès 2 ans, on peut demander à un enfant de dire : « Donne-moi le camion », ou « non », plutôt que de mordre ou de taper.

- **En cas de gestes maladroits, comme pousser ou tomber à la renverse sur un autre,** l'auxiliaire de puériculture console les deux enfants et leur explique ce qui s'est passé.

- **En cas de tape ou de morsure,** l'auxiliaire de puériculture explique à l'agresseur que certains gestes sont agréables et d'autres non, ces derniers étant interdits.

- **Celui qui a été tapé est consolé, mais on lui donne aussi les moyens de réagir en cas de nouvelle « agression ».**

Les difficultés de séparation et d'adaptation

Grandir, c'est expérimenter la séparation. À partir du moment où l'enfant prend conscience d'être distinct de sa maman, il va ressentir la peur de la perdre. À force de câlins et de propos rassurants, cette angoisse, tout à fait normale, va disparaître.

Le nouveau-né est un être totalement dépendant, et de cette dépendance dépend sa survie. Pourtant, dès la première année, il est confronté à des expériences de séparation, nécessaires pour grandir et devenir autonome.

Le sevrage est la première grande séparation : le bébé passe du sein maternel au biberon, qui pourra être donné par n'importe qui. Bien au-delà du sevrage, il conserve le besoin d'une satisfaction orale, en gardant une tétine ou en suçant son pouce, besoin qui pourra durer des mois ou des années et qui se manifestera surtout dans les moments affectivement difficiles et en particulier les séparations, au moment du coucher ou du départ pour la crèche.

Le bébé prend conscience d'être différent de sa mère

Vers 9 ou 10 mois, le bébé prend conscience d'être un individu différent de sa mère. Il ressent alors, de manière plus vive, le risque de séparation. C'est une étape importante, que le psychanalyste René Spitz appelle l'« angoisse de l'étranger ». Le nouveau-né fait désormais la différence entre sa mère et les personnes non familières et manifeste son angoisse de la quitter en pleurant et en s'accrochant à elle.

Les travaux de Spitz et de Bowlby ont montré que, au cours de ces périodes, de longues séparations peuvent aboutir à une véritable dépression. On en a déduit, peut-être un peu rapidement, que les nourrissons souffrent moins de la séparation que les plus grands. En réalité, à mesure que l'enfant grandit, il extériorise davantage ses affects et manifeste sa protestation et sa désapprobation. Son angoisse est plus visible, mais il a aussi pour y faire face des ressources que le bébé n'a pas : en effet, il a déjà construit en lui une bonne image maternelle. C'est l'époque où il va adopter un doudou pour l'aider dans ces moments de séparation, un « objet transitionnel », selon le terme de Winnicott, dont il aura besoin pour aller à la crèche, chez la nourrice mais aussi au moment du coucher, vécu comme une séparation qui se répète tous les soirs.

L'objet transitionnel se situe dans une zone intermédiaire entre la mère et l'enfant, mais aussi entre la réalité extérieure et le monde interne. C'est un objet bien réel qui revêt, pour l'enfant, une valeur affective bien plus importante que cette réalité.

Une séparation difficile aussi pour la mère

Le tout-petit, fort de son attachement solide à son père et à sa mère, se ressource généralement assez rapidement après leur départ. Mais pour la mère en particulier, qui culpabilise d'avoir laissé son enfant en pleurs, cette séparation est difficile à vivre. Pour qu'un enfant se sépare, il faut donc aussi du courage... à la mère. Il est parfois préférable que ce soit le père, ou un autre adulte proche, qui accompagne l'enfant.

L'angoisse de l'inconnu, normale et saine à cet âge

En collectivité, certaines attitudes passagères de retrait ou d'agressivité peuvent traduire une difficulté d'adaptation en lien avec la séparation. Si ces difficultés persistent, alors que les protestations et les pleurs initiaux ont disparu, cela peut signifier que l'enfant ne vit pas encore très bien la situation de séparation. A contrario, un enfant qui se montre étonnamment à l'aise dans un lieu nouveau ou très familier avec les personnes qu'il ne connaît pas n'est pas forcément bon signe. L'anxiété est normale lors des séparations ou devant la nouveauté.

Il arrive que les retrouvailles avec la mère soient difficiles, comme si l'enfant avait du ressentiment à son égard. En réalité, il a créé des liens nouveaux sur son lieu de garde, il lui faut donc un peu de temps pour renouer ce lien. Sa réaction est plutôt bon signe : elle signifie qu'il est capable de nouer d'autres liens en l'absence de sa mère. La crainte d'être abandonné est un frein à la mise en place de nouvelles relations affectives. Arriver à se séparer de sa mère sereinement est donc, pour le petit enfant, une condition de sa socialisation.

L'angoisse de la séparation

Certains enfants ont besoin d'un peu de temps pour, sans se mettre à pleurer, accepter de voir leurs parents les quitter. L'intensité de cette réaction peut facilement être atténuée si le parent sait mettre l'enfant en confiance. Pour cela, il doit toujours l'avertir de son départ à l'avance, en lui rappelant à chaque fois qu'il va revenir. En revanche, les adieux prolongés ne sont pas recommandés : ils risquent de donner trop d'importance à chaque séparation et d'en faire un moment que l'enfant redoutera de plus en plus.

La séparation, un moment à ne pas négliger

- **À la crèche, établissez avec l'auxiliaire de puériculture un rituel d'accueil :** les bisous, le doudou, les discussions du matin... Ces gestes, effectués à l'identique, facilitent la période de transition.

- **Proposez-lui un jeu qu'il connaît et qu'il apprécie, avant de le quitter.**

- **Prévenez votre enfant de votre départ :** expliquez-lui à chaque fois que vous allez revenir. Quittez-le sans vous sauver !

- **À la maison, donnez-lui un repère sur l'heure de votre retour :** après la sieste, le goûter, le bain. Si vous sortez le soir, promettez-lui de passer lui faire un bisou en rentrant.

- **Votre voix et votre attitude sont déterminantes lors des périodes de séparation.** Vous, qui êtes un modèle pour votre enfant, ne devez en aucun cas faire passer dans votre regard le moindre signe de culpabilité, de stress ou de tristesse.

- **Ne prenez pas la situation au tragique.** Le plus souvent, les pleurs au moment de la séparation ne durent pas et l'enfant passe un excellent moment sans vous.

L'entrée à la crèche

Plus l'adaptation à la crèche est progressive, mieux elle se passe. L'enfant a tout le temps de comprendre le fonctionnement du lieu, de s'adapter aux horaires, de s'habituer aux nouvelles têtes. Malgré tout, il est assez courant de voir tout à coup un enfant refuser de retourner à la crèche, alors que les premières semaines s'étaient très bien passées. Chacun réagit à sa façon, en pleurant, en s'isolant ou en restant passivement dans un coin. Ce sont des réactions normales et temporaires. En agissant ainsi, l'enfant affirme sa personnalité et exprime son désir de rester à la maison, de temps en temps, plutôt que d'être gardé à l'extérieur.

Pour une adaptation optimale

- **Si votre enfant de 1 an s'apprête à entrer à la crèche pour la première fois :** un mois à l'avance, adoptez ses nouveaux horaires de lever, de repas et de sieste. Présentez-lui le bâtiment lors d'une promenade.

- **Soyez incollables sur toutes les habitudes et les passions de votre enfant.** Elles seront très utiles à la puéricultrice pendant la période d'adaptation. Faites une liste des jeux qu'il préfère, de sa façon de manifester sa fatigue, son impatience, ce qui l'apaise quand il se fait mal ou est en colère, des chansons qu'il aime entendre...

- **Au moment de l'entrée à la crèche :** choisissez, si vous le pouvez, une période d'adaptation qui ne soit pas immédiatement suivie de vacances.

- **Si sa crèche ferme pendant les vacances et que les enfants sont regroupés dans un autre lieu d'accueil, multipliez les repères sécurisants.** Laissez-lui emporter tous les doudous qu'il veut, prenez le temps de découvrir avec lui sa nouvelle crèche, allez à la rencontre, avec lui, des enfants qu'il connaît.

Des retrouvailles difficiles

Ne négligez pas la deuxième séparation de la journée : celle du soir où l'enfant quitte ses amis de la crèche et ses référents. Il peut avoir un comportement inattendu : au lieu de sauter dans les bras de son parent, il le fuit, l'ignore ou se montre désagréable. C'est une réaction classique qui exprime l'émotion trop forte qu'il ressent à ce moment-là. Préparer le retour à la maison est donc important, et un petit rituel d'adieu à la crèche permet de faire la transition entre ses « deux maisons » en douceur.

Faciliter les retrouvailles du soir

- **Instaurez un petit rituel lorsque vous venez le chercher :** en arrivant, faites-lui d'abord un simple petit coucou de la main, puis un câlin. Il fera ensuite un bisou à l'éducatrice et dira au revoir de la main à tous ses copains.

- **Ne négligez pas la transmission des informations :** l'auxiliaire vous raconte sa journée, son repas, ses siestes. Il est important d'y accorder le temps nécessaire, en présence de l'enfant.

- **Donnez-lui son doudou au moment de quitter la crèche pour qu'il le garde près de lui jusqu'à la maison.** Durant le trajet, parlez-lui de tout et de rien, ne le questionnez pas trop sur ce qu'il a fait. Un petit enfant après une journée passée à la crèche est fatigué, il aime retrouver ses repères dans le calme.

- **Si votre enfant part en courant à l'autre bout de la crèche dès qu'il vous voit :** ne réagissez pas excessivement, ne bougez pas, intéressez-vous aux jeux, aux autres enfants, vous le verrez très rapidement venir se presser contre vous pour réclamer un câlin.

Premières vacances sans ses parents

Les premières vacances de votre enfant loin de vous – souvent chez ses cousins ou ses grands-parents – sont une expérience très enrichissante. L'enfant va apprendre à vivre plusieurs jours (et plusieurs nuits) avec d'autres figures de référence, à un autre rythme, dans un environnement qu'il connaît moins. De votre côté, il faudra le préparer en douceur, taire vos inquiétudes éventuelles, apprendre à faire confiance à ceux qui l'accueillent... tout en gardant un lien étroit pour prendre de ses nouvelles très régulièrement.

Apprendre à se séparer un peu

- **Soyez positifs !** Ne montrez pas à votre enfant que vous êtes tristes ou inquiets de le quitter pour quelques jours au risque de le culpabiliser. Montrez-lui tout le plaisir que vous avez à le voir s'amuser sans vous, avec ses grands-parents ou ses cousins.

- **Demandez aux adultes qui le gardent de vous envoyer régulièrement des photos par Internet ou sur votre portable et envoyez-en à votre tour.** Ce sera une très agréable façon de rester en contact et de veiller sur votre enfant... sans être trop envahissants.

L'école maternelle

L'entrée en petite section de maternelle est une étape importante dans la vie de l'enfant... et de ses parents. Il y apprend la séparation, la relation, souvent affective, avec l'enseignant et l'équipe pédagogique, et la socialisation avec ses petits camarades.

À quel âge un enfant est-il prêt à entrer à la maternelle ? Faut-il scolariser les enfants avant 3 ans ? Ces questions posées par un certain nombre de pédopsychiatres et de professionnels de l'enfance intéressent bien sûr les parents.

Pour entrer à l'école, l'enfant doit avoir une certaine maturité et assez d'autonomie. Ce terme de « maturité » est d'ailleurs assez imprécis pour un enfant de 3 ans. Parfois, pour un petit encore un peu « bébé » dans certains aspects de son comportement, l'entrée à l'école sera une expérience stimulante. En tout état de cause, l'acquisition de la propreté n'est certainement pas un critère suffisant. Il est sans doute plus important que l'enfant ait acquis une image de lui-même suffisamment individuée et qu'il puisse se séparer de ses parents sans trop d'angoisse.

Une préparation en douceur

Cette préparation est surtout importante pour les enfants qui ont été gardés à la maison ou par une nourrice. Les mois précédant la rentrée, les parents peuvent préparer la séparation en intégrant leur enfant à temps partiel dans une halte-garderie. Il faut aussi en parler avec l'enfant, repérer les lieux ensemble. L'idéal est de visiter l'école, au cours de l'inscription, par exemple. L'enfant pourra peut-être, à cette occasion, rencontrer sa future maîtresse ou son futur maître. Le jour de la rentrée, il est normal que chacun – parents compris – soit anxieux. Même si l'enfant est prêt, qu'il a envie d'aller à l'école, il peut fondre en larmes à son tour, par identification, au milieu des petits camarades en pleurs. Une adaptation progressive, par demi-journées, est préférable lorsque c'est possible. Il en va de même pour la cantine.

Parents-enseignants : une relation de confiance

Comme son nom l'indique, cette première école est *maternelle* : la maîtresse tient un rôle très important dans la vie de l'enfant, qui transpose sur elle une partie de l'amour qu'il voue à sa mère

Mais l'enfant va rapidement transformer cet amour personnalisé en amour d'« apprendre ». Les psychanalystes appellent cela « sublimation ». Les petits garçons peuvent néanmoins rester amoureux de leur institutrice, le temps de leur période œdipienne. Et les filles de leur maître. En dépit de cette « accalmie », la relation avec l'enseignant(e) demeure très affective.

Il est indispensable que les adultes ne soient pas en rivalité. Quand un enfant entend des critiques sur l'école, même par inadvertance, il se sent en insécurité. Son comportement scolaire peut être perturbé et ses relations avec la maîtresse ou le maître risquent de devenir difficiles. Ce type de situation se résorbe la plupart du temps lorsque les adultes peuvent se rencontrer, ce qui évite à l'enfant un conflit de loyauté. Il est important que les deux parents puissent connaître l'enseignant, et, si possible, dès la rentrée. S'ils comprennent ses objectifs pédagogiques, ils pourront valoriser l'école et soutenir l'enseignant.

Objectif numéro un : la socialisation

On n'entre pas à l'école maternelle pour y apprendre à lire immédiatement ! La première étape est la socialisation. Même si la séparation se passe bien, l'adaptation demande un peu de temps. La maîtresse travaille avec un groupe dont le fonctionnement, en petite section, va prendre un trimestre environ à se mettre en place. C'est le temps nécessaire pour que tous les enfants intègrent les règles de vie et de discipline et deviennent réellement des élèves.

C'est à ce moment que peuvent être repérées les difficultés de certains à s'adapter, car l'école maternelle est très souvent le premier révélateur de ces difficultés. Les enseignants sont généralement particulièrement compétents et attentifs pour repérer les problèmes de langage, par exemple, et conseiller aux parents de consulter un spécialiste. Il faut aussi se soucier des enfants qui sont en retrait ou exclus du groupe. Dans la cour de récréation, autre espace essentiel de socialisation, certains peuvent éprouver de la peur vis-à-vis des autres. Mais la plupart se font de nouveaux petits amis. Ils cherchent à s'identifier aux autres, à jouer aux mêmes jeux. L'école est un lieu de compétition et d'échanges qui dépasse le cadre scolaire. Les parents auront bien du mal à savoir ce que leur fille ou leur fils a fait de sa journée, mais ils entendront parler des copines ou des copains, des conflits et des exploits dans la cour de récré. À ce moment-là, les souvenirs douloureux de la première journée d'école seront loin !

Préparer son enfant à l'école

Un enfant qui a été à la crèche entre 1 et 3 ans prend habituellement le chemin de l'école maternelle sans trop s'inquiéter : il a déjà beaucoup appris sur la vie en groupe et sait faire confiance aux adultes qui le gardent. Il va, en revanche, devoir suivre des apprentissages plus structurés : écouter une consigne, la respecter, contrôler son impatience… Des compétences essentielles qu'il sera bon de cultiver à la maison avant l'entrée à l'école.

Quelques bons réflexes à acquérir

- **Apprenez à votre enfant à patienter :** invitez-le à ne pas couper la parole lors d'une conversation, à attendre son tour pour poser une question…

- **Ne répondez pas immédiatement à chacune de ses demandes.** Montrez-lui qu'il est assez grand pour s'occuper seul lorsque vous êtes en train de faire quelque chose sans lui, en prenant un livre ou une feuille de papier pour dessiner.

- **Vérifiez qu'il a bien acquis tout le vocabulaire des repères temporels :** ils lui seront utiles pour comprendre les consignes à l'école et repérer le temps d'attente : « Tu iras dans le jardin dès que tu seras allé aux toilettes ; tu pourras te lever dès que je te le dirai ; demain, ce sera à ton tour de donner à manger au chat ; c'est à ton tour de parler… »

- **Incitez-le à partager et à prêter :** demandez-lui de descendre de la balançoire au parc si d'autres enfants attendent, de ne pas éclabousser un enfant craintif à la piscine, de ne pas toujours vouloir être le premier.

Apprendre à écouter

Être attentif et concentré sont des conditions essentielles à la réussite scolaire. L'enfant doit comprendre qu'il n'obéit pas à un ordre, mais qu'il écoute pour apprendre à bien faire, pour acquérir de nouvelles connaissances ou accomplir des tâches utiles à la vie de la classe. C'est souvent par le jeu que les parents peuvent l'aider à se montrer plus attentif.

Jouer à stimuler son attention

- **Lorsque vous lui lisez une histoire :** demandez-lui de lever la main dès qu'il vous entend prononcer le nom du personnage principal du récit.

- **Faites régulièrement des «jeux de Kim», en posant quelques objets sur une table.** L'enfant les regarde avec attention pendant une minute, sort de la pièce pendant que vous en retirez un. Au retour, il doit nommer l'objet qui a disparu.

- **Faites un gâteau ensemble.** Avant de vous mettre en cuisine, demandez-lui de vérifier si tous les ingrédients de la recette sont bien là. Expliquez-lui l'importance de suivre les consignes dans l'ordre pour réussir le gâteau.

- **Lorsqu'il est fatigué, excité, apprenez-lui à se détendre en fixant son attention sur les bruits qui l'entourent :** il s'allonge sur le sol et écoute le «silence». Dès qu'il a repéré trois bruits familiers de la maison (le tic-tac d'une horloge, le ronron du réfrigérateur...), il se relève et les cite. Il peut ensuite faire ce jeu en essayant de repérer trois bruits venant de l'extérieur.

La propreté en maternelle

La propreté diurne est l'une des conditions d'admission à l'école maternelle, et de nombreux parents sont inquiets à ce sujet. Il faut pourtant éviter que cela ne devienne un motif de tension pendant l'été précédant la rentrée. Beaucoup d'enfants deviennent propres quelques semaines seulement avant la rentrée ou juste après.

Pour une prérentrée réussie

▸ **Ne lui communiquez pas votre stress en lui parlant quotidiennement de la nécessité de ne plus porter de couches à l'école.** Mieux vaut souligner ses réussites, même les plus minimes. Ne le découragez pas non plus en le comparant à d'autres qui sont propres depuis longtemps.

▸ **S'il n'est pas propre avant l'été** : entraînez-le en vacances avec ses cousins en invitant les plus petits de la famille à aller aux toilettes ensemble, à la queue leu leu, « comme à l'école », ou presque.

▸ **Quelques jours avant la rentrée** : laissez-le aller seul aux toilettes chez vous. Il s'habituera ainsi à être plus autonome, plus sûr de ses gestes.

▸ **Pantalons, jupes à élastique, culottes de rechange, sac en plastique pour les vêtements mouillés** : pensez à équiper votre enfant pour qu'il soit rapidement changé en cas d'accident.

▸ **Les enfants ont souvent très envie de faire pipi à la sortie des classes.** Pensez à lui proposer de passer aux toilettes avant de quitter l'école.

Les premiers jours à la maternelle

Il est rare qu'un enfant vive ses premières semaines d'école sans le moindre stress. Les parents doivent le rassurer et lui apporter toutes les petites attentions qui l'aideront à s'adapter à son nouveau rythme de vie. La fatigue et la tension des premières semaines doivent aussi être compensées par des week-ends reposants, de bonnes nuits de sommeil, des petits déjeuners et des dîners équilibrés, qui l'aideront à bien débuter sa scolarité.

Demain, c'est le grand jour !

- **La semaine qui précède la rentrée :** ne faites pas monter l'excitation en ne parlant que de ça. Préparez les fournitures demandées par l'école sans trop insister, mais abordez le sujet régulièrement avec sérénité.

- **Le jour J :** préférez une tenue pratique et déjà portée à la panoplie toute neuve de l'écolier dans laquelle il risque de se sentir mal à l'aise. Mettez aussi dans son sac, avec son doudou, un change complet en cas d'accident.

- **Sur le chemin de l'école :** rappelez-lui le déroulement de sa journée avec des repères simples – les jeux du matin, le repas, la sieste, le goûter, l'heure où vous viendrez le chercher…

- **Une fois dans la classe :** faites un gros bisou, un bonjour à la maîtresse et partez d'un pas décidé… avec le sourire.

- **À la maison :** affichez un calendrier de la semaine afin de lui montrer les jours d'école et les jours à la maison.

- **Le premier trimestre :** lorsque c'est possible, les enseignants recommandent de ne mettre l'enfant à l'école qu'une demi-journée.

Les premiers amis

L'enfant est un être sociable. La découverte de l'amitié coïncide souvent avec celle de la collectivité. D'abord en partageant les jouets, puis en développant des relations de jeux fondées sur l'imitation, il noue des liens avec des semblables.

C'est au sein des petits groupes qu'ils fréquentent que les enfants créent les premiers liens d'amitié, à la crèche, à la halte-garderie ou à l'école maternelle.

Il est difficile de dire à partir de quel âge un tout-petit est capable d'une vraie relation d'amitié. Les travaux les plus récents ont montré que des relations privilégiées peuvent s'installer entre certains enfants dès la crèche. Ces liens sont de nature différente de ceux qu'ils ont avec les autres enfants du groupe et peuvent être qualifiés de liens d'amitié, même si les amitiés plus durables ne se développent vraiment qu'à partir de 3 ans.

La capacité à se faire des amis est donc liée à l'âge, mais aussi aux relations sécurisantes que l'enfant aura nouées avec les adultes, et en premier lieu, avec ses parents. Selon le psychologue Blaise Pierrehumbert, les enfants qui ont développé des liens sécures avec leurs parents sont plus engagés et plus attentifs et ont de meilleures relations sociales à l'âge préscolaire. Il semble aussi que la qualité de l'attachement au père facilite le comportement de leader dans les groupes. En revanche, l'attachement insécure au père rend les enfants plus anxieux, parfois agressifs, ce qui les gênera dans leurs capacités à se faire des amis.

Première étape : le jeu partagé

C'est essentiellement à travers le jeu et les jouets que se créent les liens d'amitié. Avant de s'intéresser aux relations d'amitié en elles-mêmes, de nombreux chercheurs se sont intéressés aux jeux des enfants en petits groupes et ont constaté que les premières interactions sociales passent par les objets : les enfants jouent ensemble parce qu'ils s'intéressent à un même jouet.

Dans la deuxième année, ils adoptent parfois des attitudes tout à fait caractéristiques pour exprimer leur demande : ils s'adressent à celui qui détient le jeu convoité en inclinant la tête sur le côté et en tendant la main, dans une position alliant humilité et supplication. Les enfants en difficultés ont du mal à s'inscrire dans ce type d'échange, cherchent à arracher de force le jeu envié et se font repousser.

Vers 2 ou 3 ans, un enfant est capable de prendre alternativement la place de l'autre dans des jeux d'imitation : il imite d'abord un autre enfant initiateur du jeu, puis est à son tour imité. Ces jeux d'alternance sont essentiels dans la construction des relations sociales.

Des relations d'amitié stables

Les recherches d'Odile Espinoza sur les affinités des enfants en crèche confirment qu'il existe des relations d'amitié stables très tôt.

« Dès 1 an, par ses attitudes favorables, un enfant a des capacités d'attraction auprès des autres, même s'il y a des agressions. Par contre, entre 2 et 3 ans, les attitudes sociales négatives suscitent le rejet et une diminution du nombre d'amis. » Les enfants dotés de liens amicaux manifestent de meilleures capacités à trouver des solutions lors des conflits que ceux qui n'ont pas d'amis. Chez ces derniers, les conflits aboutissent à un rapport dominant/dominé.

Les enfants utiliseront ensuite dans leurs relations sociales élargies ce « savoir-faire » relationnel, expérimenté avec leurs amis. Pour qu'une relation de qualité se développe, chez les petits comme chez les grands, il faut que les relations d'échange s'organisent autour d'une certaine réciprocité. Si, dans la relation entre deux enfants, l'alternance dominant/dominé ne se fait pas, il y a peu de chance que s'instaure un lien solide. Les enfants les plus « populaires » pourront avoir plusieurs amis et en changer facilement. Pour d'autres, plus timides, la relation pourra se faire avec un enfant ayant le même tempérament ou bien en privilégiant une relation unique au détriment du reste du groupe.

L'amitié réelle suppose la capacité d'empathie

On peut parler de réelle relation d'affinité lorsqu'un enfant est capable de ressentir de l'empathie vis-à-vis d'un autre : il peut se mettre à sa place, comprendre ce qu'il ressent et ne pas lui faire subir ce qu'il redoute pour lui-même. Une faculté qui dépend, bien sûr, de son développement psychologique. C'est surtout le développement du langage qui favorise les interactions et les jeux entre les enfants, mais c'est aussi grâce à ces interactions sociales que le langage lui-même progresse. En cela, les amis jouent un grand rôle dans la construction psychique et sociale de l'enfant.

Les débuts de la sociabilité

Les tout-petits, entre 12 et 24 mois, commencent à s'intéresser aux autres enfants, ils aiment être en leur compagnie, mais ne pratiquent pas encore les jeux entre « copains ». Ils sont principalement guidés par le jeu ou le jouet du voisin, très convoité, et les séances de jeux entre amis se terminent souvent par des cris et des pleurs. C'est un comportement normal, à un âge où l'enfant n'est pas encore capable d'empathie. L'accompagnement d'un adulte facilite les rapports amicaux entre enfants, s'il les laisse inventer leurs jeux sans trop intervenir, tout en faisant office de médiateur pour limiter les conflits.

Faciliter les relations entre enfants

- **Lorsque vous proposez à plusieurs enfants du même âge de jouer ensemble, veillez à avoir le même jouet en double, en triple…** Si chacun a son ballon, son panier à remplir de pommes de pin, son camion à faire rouler, les convoitises seront moindres.

- **Ne pensez pas qu'il faut rendre un petit enfant sociable dès son plus jeune âge.** S'il n'aime pas jouer avec les autres au bac à sable et préfère rester sur vos genoux à les regarder, laissez-le faire. Il s'approchera des autres lorsqu'il en aura envie.

- **Certains enfants aiment faire des bisous aux autres en les serrant très fort, de façon maladroite et un peu brusque :** ces gestes peuvent en effrayer certains et les faire pleurer. Apprenez à votre enfant à maîtriser ses gestes, à faire des câlins plus doux… Expliquez-lui aussi les conséquences de ses gestes malhabiles. « Si tu serres trop fort ton ami dans tes bras, il a mal », « Tu peux caresser les cheveux des enfants mais tu ne dois jamais les tirer… »

- **Profitez de ces premières amitiés pour faire découvrir à votre enfant quelques mots de politesse :** « S'il te plaît » et « merci » lorsqu'on veut prendre, donner ou échanger un jouet.

Premiers liens, premiers amis

Vers 2 ans et demi, l'enfant commence à se faire des amis. Ces premières relations se créent généralement autour de la passion pour un même style de jeu à la crèche ou au parc. Deux enfants à la crèche, deux cousins en vacances peuvent devenir inséparables. Entre amis, ils s'observent, découvrent comment se comporter avec les autres, apprennent à s'apprécier. C'est la bonne humeur et la stabilité du caractère qui font d'un enfant de cet âge un ami recherché. Les enfants qui tapent et qui font mal sont davantage rejetés par leurs pairs.

Se lier d'amitié

- **Certains amis inséparables aiment avoir une relation de dominant/dominé dans leurs jeux.** L'un est le chef et l'autre obéit. Il n'y a pas lieu de s'en inquiéter, sauf si c'est toujours le même enfant qui dirige les jeux. L'alternance est nécessaire pour une relation amicale équilibrée.

- **Les amitiés se développent souvent entre enfants qui ont les mêmes goûts.** Mais, dans ce cas, chacun cherche à s'affirmer en tenant le premier rôle. Pour éviter que la compétition ne s'instaure entre eux, aidez-les à trouver des activités où chacun a un rôle important à jouer. Par exemple, dans les jeux de « faire semblant », plutôt que de jouer à la maman et au bébé, mieux vaut jouer à la marchande. Les deux enfants auront chacun un rôle équitable à tenir.

- **Soyez attentifs aux amitiés « intenses » lorsqu'un enfant, vers 3 ans, s'accroche à un seul ami à la crèche, le suit partout, refuse de jouer avec les autres.** Il agit souvent ainsi pour se rassurer. L'ami remplace le parent absent ou l'éducatrice qu'il aimerait avoir tout à lui. Si votre enfant est exclusif dans ses amitiés, donnez-lui l'occasion de jouer avec des enfants plus petits au parc ou chez des amis.

La séparation des parents

L'amour entre les deux parents peut disparaître… mais l'amour que chacun porte à son enfant demeure, ainsi que leurs responsabilités envers lui. En cas de séparation, l'enfant doit être informé, rassuré sur l'amour que ses parents lui portent, et tenu à l'écart des conflits.

La question de la séparation se pose parfois alors que l'enfant est encore petit. Si le couple conjugal est périssable, le couple parental, lui, survit à cette séparation : on ne divorce pas de ses enfants. Néanmoins, l'enfant vit, lui aussi, une séparation d'avec le parent qui n'aura pas sa garde. Plusieurs changements vont avoir lieu : un changement de domicile, parfois un changement de mode de garde… qui peuvent être difficiles à vivre pour lui.

La séparation peut avoir été précédée de conflits dont l'enfant aura été le témoin, malgré le souci des parents de l'en préserver. Y avait-il des disputes fréquentes depuis longtemps ? A-t-il assisté à ces disputes ? Les tout-petits, même sans comprendre le sens des mots, vont être affectés par les conflits et perturbés par l'ambiance de la maison. Après la séparation, il arrive d'ailleurs que des petits garçons se disputent avec leur mère comme le faisait leur père, selon le schéma qu'ils ont intégré sans le comprendre.

Parler à l'enfant pour le rassurer et le déculpabiliser

Il est nécessaire de parler à l'enfant, de mettre des mots sur les conflits, sans dénier ce qu'il a pu voir et comprendre, ni dramatiser. Le moment venu, les parents devront, ensemble, ou séparément si leurs relations ne le permettent pas, lui parler, au calme et dans une sérénité maximale, de la séparation envisagée. Le rôle des tiers n'est pas à négliger. Les grands-parents, en particulier, dans la mesure où ils sont capables de neutralité, peuvent proposer de l'aide pour sortir l'enfant du conflit parental.

Un enfant de 3 ans peut se sentir coupable, car il se souvient d'avoir fâché ses parents à cause d'une bêtise ou d'une colère. Il se sent parfois responsable de leur conflit, en particulier s'il est au centre de désaccords éducatifs. Il doit être rassuré : les raisons de la séparation appartiennent toujours au couple et à lui seul. Il est possible aussi qu'il s'imagine pouvoir réconcilier ses parents. Peut-être les parents eux-mêmes ont-ils espéré, à l'époque, que la venue de cet enfant allait consolider leur couple déjà fragile. Ce désir de réparation du couple parental, très fort chez tous les enfants, s'exprime de manière variable selon les âges. Tandis que les plus grands énonceront clairement leurs souhaits, les petits feront le clown pour sortir leurs parents de leur tristesse. Parfois, leur comportement sera paradoxalement plus difficile et donnera l'impression qu'ils veulent, de manière inconsciente, détourner les conflits sur eux.

Un sentiment de tiraillement

Après la séparation, l'enfant cherche toujours à être loyal envers chacun de ses parents. Cette position n'est pas facile à tenir lorsque les désaccords sont importants. Les thérapeutes appellent ces dilemmes des « conflits de loyauté ». Il est difficile de plaire à l'un sans déplaire à l'autre ou sans avoir le sentiment de le trahir... En questionnant l'enfant sur ce qui se passe chez l'autre parent, on risque d'accentuer le conflit intérieur qui le tiraille. Ce tiraillement s'exprime parfois à travers un comportement difficile lorsque l'enfant change de maison, le dimanche soir, par exemple. Ce comportement est souvent interprété comme un signe négatif de l'éducation de l'autre parent, ce qui complique encore les choses...

Lorsqu'il change de maison, le tout-petit a besoin d'un temps de transition pour se réadapter. C'est pour cette raison que les psychologues sont réservés sur l'opportunité de la garde alternée pour les moins de 3 ans. Ce qui ne veut pas dire, bien sûr, que l'enfant ne doit pas voir régulièrement chaque parent, car il a besoin de régularité. Les séparations ne doivent pas être trop longues avec chacun de ses parents, quelques jours seulement, si la situation géographique le permet. Toutes les études concluent que le plus important n'est pas le mode de garde choisi, mais la qualité des relations entre les parents après la séparation.

L'intérêt de l'enfant avant tout

Le vécu de la séparation n'est jamais le même pour l'un et l'autre parent. L'enfant a tendance à se rapprocher du parent qui souffre le plus de la situation ou qui reste seul. Il nourrit, à son contact, l'espoir d'une réconciliation du couple. L'évolution de son ressenti dépend de la possibilité de faire ce deuil et de la capacité de chaque parent à préserver la place de l'autre.

Trouver les mots pour en parler

Un enfant de moins de 4 ans n'est pas en mesure de bien comprendre la situation. Il faut pourtant lui expliquer ce qui se passe avec des mots simples, lui assurer qu'il n'est pour rien dans cette situation, et que, même si l'un des deux parents s'en va, les deux l'aiment toujours. Annoncez-lui les changements prochains (départ, nouvelle organisation familiale) peu de temps avant qu'ils aient lieu : un petit oublie vite et n'a pas la notion du temps.

Les étapes de la séparation

- **Préparez l'annonce à deux en vous mettant bien d'accord sur ce que vous direz.** Expliquez ensemble que la vie à la maison est très difficile, que papa et maman « boudent » souvent, qu'ils ne s'entendent plus et qu'ils ont décidé de ne plus habiter dans la même maison.

- **Si l'enfant participe avec ses frères et sœurs plus âgés à l'annonce de la séparation :** prenez-le ensuite à part pour résumer la situation avec des mots adaptés à son âge.

- **Quelques jours avant le départ :** il est souhaitable que le parent qui quitte le foyer familial emmène l'enfant visiter sa nouvelle maison, où il ira dormir souvent. Proposez-lui d'y emporter quelques affaires.

- **Les semaines qui suivent la séparation :** donnez-lui des repères en faisant un calendrier avec des pictogrammes indiquant le nombre de nuits qu'il passera chaque semaine chez l'un et chez l'autre.

- **Faites preuve de patience si vous le voyez régresser,** s'il réclame à nouveau son biberon ou ne veut plus quitter son doudou. Cela lui apporte réconfort et sécurité.

Aider l'enfant après la rupture

Un petit enfant a besoin de temps pour s'adapter à la nouvelle situation et comprendre qu'il a désormais deux maisons. Les habitudes et les rituels le rassureront et seront de bons repères. Grâce à eux, il comprendra que, même s'ils n'habitent plus ensemble, ses parents s'occupent toujours de lui de la même façon. Cela le rassurera et l'aidera à être bien chez l'un et chez l'autre.

Coopérer entre parents

- **Ne critiquez jamais votre ex-conjoint devant votre enfant.** Vous risquez de le mettre dans une situation de conflit interne. Il n'a pas à choisir entre ses parents.

- **Le jeune enfant, lorsqu'il est inquiet, réagit souvent par des cris et de la colère.** Même si cela est difficile, ne vous laissez pas impressionner par ces mouvements d'humeur qui peuvent se déclencher lorsque l'autre parent vient le chercher pour le week-end. Reconnaissez que ce qu'il vit n'est pas facile en lui disant que vous comprenez sa réaction, mais restez ferme sur votre décision.

- **Ne questionnez pas trop votre enfant lorsqu'il revient de chez son autre parent.** Entre 2 et 3 ans, les enfants n'aiment pas raconter en détail leur journée et leur rôle n'est pas de vous tenir informé(e) des faits et gestes de l'autre parent. Mieux vaut communiquer entre adultes pour éviter les malentendus.

L'enfant face à la mort

La mort fait partie de la vie. À l'âge où son environnement ne devrait être que joie et insouciance, l'enfant peut se trouver confronté à la disparition brutale d'un animal ou d'un proche. Loin de chercher à lui cacher la réalité pour le protéger, il faut, au contraire, partager cette épreuve avec lui sans taire sa tristesse.

Le tout-petit peut être confronté à la mort, lors du décès d'un proche ou de la perte d'un animal domestique. La mort, pour lui, oppose l'animé à l'inanimé. À son âge, vivre, c'est bouger. Être mort, c'est s'arrêter de bouger, c'est être inactif. À la pulsion de mort l'enfant de moins de 3 ans oppose la force de vie qui, selon la théorie freudienne, résulte de ses pulsions motrices : se nourrir (pulsion orale), bouger et s'activer (pulsion motrice anale).

La mort ne revêt pas encore de dimension morale pour lui. Il ne ressent donc aucun scrupule en écrasant des insectes, par exemple. Avant 8 ans, il n'a pas conscience de l'irréversibilité du décès. Pour lui, on est mort, puis on se relève, comme dans les contes de fées ou les dessins animés. Cela ne l'empêche pas de ressentir que la mort s'accompagne d'un sentiment d'angoisse ou de tristesse chez ses parents.

Parler à l'enfant

Il ne faut jamais taire ou cacher un décès à un enfant, au motif de le protéger. Sinon, comment aura-t-il confiance dans les mots qui consolent ? Il est important de lui donner des explications simples et cohérentes. S'il n'est pas capable de saisir totalement la notion de mort, il peut tout à fait comprendre les sentiments de tristesse qui l'entourent. Il est important de ne jamais nier ses émotions. S'il est trop difficile de parler avec son enfant de la mort d'un grand-père, il faut lui expliquer pourquoi et lui en reparler un peu plus tard, lorsque l'on s'en sent capable. Parfois, ce peut être un tiers moins affecté par le deuil qui en parle à l'enfant. Selon son âge, il pourra (mais seulement s'il le souhaite) être associé au deuil familial ou faire un geste symbolique : aller sur la tombe, porter une fleur ou faire un dessin.

La perte d'un très proche : des figures d'attachement à remplacer…

Lorsque c'est l'un de ses parents qui décède, un tout-petit se sent abandonné, car il est confronté à la perte d'une figure d'attachement de premier plan et peut manifester une réaction dépressive. Son évolution future dépendra des nouvelles figures d'attachement qu'il trouvera : l'autre parent ou les grands-parents, la plupart du temps, qui vont jouer un rôle très important dans sa vie, à condition de ne pas l'enfermer dans leur propre deuil.

La mort peut aussi concerner un membre de la fratrie ou un enfant né antérieurement. Il est fondamental que l'enfant ne s'en sente pas coupable – ce qui pourrait arriver du fait, notamment, de ses anciens sentiments de jalousie. Il ne doit pas non plus tenter de ressembler à l'image idéalisée de l'enfant décédé.

Les mots d'enfants

La représentation de la mort d'un proche est difficile pour les petits. La première fois qu'un enfant retourne chez sa grand-mère récemment veuve, il pourra demander : « Il est où, papi ? », même s'il est au courant du décès de son grand-père. S'il met le doigt là où ça fait mal, il n'a aucune intention méchante. Il ressent simplement le malaise des adultes, et la représentation de son grand-père est indissociable pour lui du cadre où il avait l'habitude de le voir. Certains enfants, en verbalisant leurs émotions, peuvent exprimer le souhait de « monter rejoindre papi au ciel » pour le revoir. C'est l'expression d'une tristesse très forte, mais ces idées sont généralement transitoires, en lien avec le processus de deuil, et ne doivent pas être interprétées comme une volonté de mourir.

Aux adultes d'apporter des réponses, en fonction des croyances familiales, mais d'une manière accessible à l'enfant et sans lui mentir.

L'enfant face au deuil

Les parents sont parfois tentés d'éloigner leur jeune enfant lorsqu'un deuil survient dans la famille. Ils pensent que le chagrin des personnes affectées par le décès peut le perturber, qu'il est trop jeune pour y être confronté. L'enfant doit pourtant être associé naturellement au deuil… qui fait partie de la vie. Il faut lui expliquer ce qui se passe avec des mots simples pour lui permettre d'intégrer la réalité incontournable : la disparition d'un être cher pour toujours, même si le tout-petit n'est pas encore capable de comprendre le caractère irréversible de la mort.

Accompagner l'enfant au moment du deuil

Il paraît difficile d'aborder le sujet de la mort avec un enfant de moins de 2 ans, mais c'est sans compter sur le savoir intuitif des tout-petits. Les bribes de conversation entendues, les visages attristés des parents le font déjà participer au chagrin familial. Ne cherchez donc pas à tout prix à masquer vos émotions : il ne sera pas dupe. Veillez, en revanche, à maintenir ses habitudes : la crèche, le parc… qui sont essentiels à son équilibre.

Lorsque vous êtes réunis avec vos proches pour parler du décès, ne vous étonnez pas si votre enfant se met à faire le clown. Il a besoin d'être en votre compagnie, mais dans son rôle : celui d'un petit enfant qui ne peut pas rester longtemps sans rire, jouer et attirer l'attention.

Il est important de dire à un enfant qui vient de perdre un parent, un frère ou une sœur qu'il n'y est pour rien et que l'on va continuer à s'occuper de lui comme avant.

Répondre à ses questions sur la mort

Jusqu'à 3 ans, l'enfant ne comprend pas la mort de la même façon qu'un adulte, car sa notion du temps est encore très floue. À cet âge, il commence seulement à faire la différence entre une journée et une semaine, et ne sait pas se représenter un mois ou une année. Pour lui, la mort est donc temporaire et le retour à la vie évident. Les parents doivent donc s'attendre à des questions parfois assez surprenantes, auxquelles ils doivent répondre avec simplicité.

- **« Quand est-ce que grand-père aura fini de mourir ? »** « Est-ce qu'il fait noir sous terre ? » « Est-ce que, quand on est mort, on a mal ? » : voilà des questions courantes chez un enfant de 3 ans. Répondez-lui simplement mais attendez-vous à d'autres questions de ce type.

- **Ayez des mots justes et adaptés à son âge** en lui expliquant que, lorsqu'un proche est mort, il ne le verra plus, mais le gardera en souvenir dans sa tête.

- **Ne dites jamais que la personne décédée est « partie ».** Il pourrait être furieux et peiné qu'elle soit partie sans lui dire au revoir et inquiet chaque fois que vous partirez vous aussi en voyage.

- **Acceptez sa curiosité naturelle,** lorsque vous voyez un petit animal mort dans la nature. C'est l'occasion d'expliquer que la vie a toujours un début et une fin.

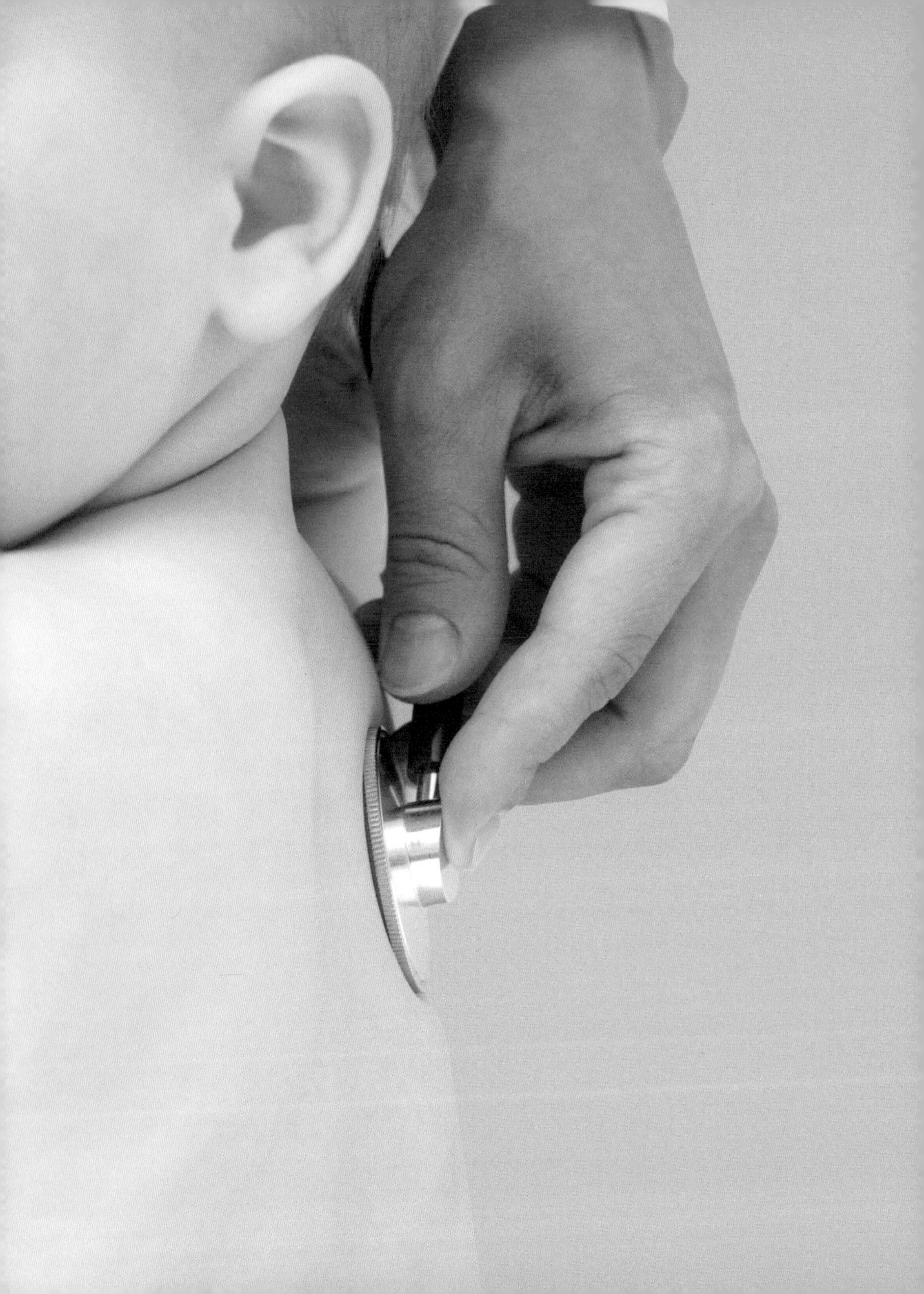

La maladie et l'hospitalisation

Les maladies font partie du quotidien du tout-petit. « Être malade », pour un enfant, c'est expérimenter de bons moments où l'on se fait dorloter. Mais c'est aussi l'inquiétude des visites chez le médecin et, en cas d'hospitalisation, l'angoisse de la séparation. Des moments douloureux que le jeu peut aider à surmonter.

Entre 1 et 3 ans, l'enfant est régulièrement malade : otites, gastros, varicelle, la liste des maladies infantiles est longue, et pour l'enfant comme pour chacun d'entre nous, être malade n'est jamais agréable. Cependant, la maladie peut comporter des bénéfices latéraux. L'enfant souffrant va rester au chaud à la maison avec ses parents ou chez sa nourrice, éventuellement être gardé par sa grand-mère. Dans tous les cas, il va être materné et pouvoir se ressourcer.

Le rôle du médecin

La consultation chez le médecin est un moment clé auquel les enfants réagissent en fonction de leurs expériences antérieures. Il est souhaitable qu'un enfant connaisse déjà le médecin ou le pédiatre et qu'il ne le découvre pas au moment d'un examen pénible ou d'un vaccin. S'il le connaît bien, l'angoisse de l'étranger ne sera pas réactivée. Le climat de la consultation, lui aussi, est important. En cas d'anxiété, les choses se passeront mieux si le médecin peut dédramatiser par le jeu, en auscultant le nounours de l'enfant, par exemple. À d'autres moments, l'approche, tout en restant ludique, sera pédagogique : il est nécessaire d'expliquer à l'enfant sa maladie et le fonctionnement de son corps. Il sera rassuré s'il comprend à quoi sert le traitement et se sentira valorisé d'être considéré comme un grand, à qui l'on explique ce qui se passe. D'autant plus que, dès 2 ou 3 ans, les enfants sont très curieux de leur corps qu'ils explorent et découvrent en jouant au docteur.

Le jeu est le meilleur moyen pour qu'un enfant surmonte les angoisses liées aux soins médicaux. Il fera des piqûres à ses peluches ou à ses poupées... sans états d'âme : dans la clinique infantile, on opère pour un rhume !

L'enfant hospitalisé

Plus souvent gage de sécurité que signe de gravité, l'hospitalisation est parfois nécessaire. Le problème majeur est la séparation, surtout si elle doit durer plusieurs jours. Heureusement, les services de pédiatrie favorisent aujourd'hui la présence des mères. À certains endroits, les hôpitaux créent des structures d'accueil pour les familles qui habitent loin. Ce lien affectif est un puissant facteur de guérison.

Le rire et le jeu pour surmonter douleurs et angoisses

Il arrive que l'enfant fréquente depuis longtemps l'hôpital pour une maladie chronique. Même très petits, les enfants intègrent remarquablement les contraintes liées aux soins. Certains semblent même sortir renforcés de cette épreuve pénible. De vrais liens affectifs se créent souvent avec les soignants, qui aident à rendre le séjour à l'hôpital moins pénible. Dans d'autres cas, la gravité et la brutalité du diagnostic ne permettent pas de trouver cette sérénité : la priorité est aux soins, surtout s'il faut opérer. Ce temps de distanciation devra être trouvé plus tard.

Les services de pédiatrie accordent beaucoup de place aux jeux et aux activités éducatives. Des éducateurs sont présents. Certains services font même appel à des clowns : on sait depuis Rabelais que le rire est thérapeutique… et contribue à « faire passer la pilule », aux petits malades comme à leurs parents.

Bien vivre l'hospitalisation

Une petite opération, un accident, l'annonce d'une grave maladie… les parents doivent parfois faire face, avec leur enfant, à des expériences difficiles. En cas d'hospitalisation, le petit malade a besoin d'être solidement entouré pour surmonter les épreuves qui s'annoncent. Malgré leur angoisse, les parents doivent trouver la force de le rassurer et lui permettre de mener une existence la plus normale possible, sans trop de rupture avec sa vie d'avant et son environnement familial.

Les étapes de l'hospitalisation

Avant

- **Parlez de sa maladie ou de son opération avec des mots simples,** rassurez-le en lui disant que vous serez près de lui.

- **Veillez à ce que toutes vos conversations d'adultes ne tournent pas autour de son hospitalisation.** Il risquerait de sentir que l'événement est important et de s'inquiéter plus que nécessaire.

Pendant

- **Expliquez-lui le rôle du personnel de l'hôpital (médecin, infirmière, aide-soignante…).**

- **Soyez toujours positifs** et veillez à conserver votre rôle de parents dans tous les gestes du quotidien en vous chargeant autant que possible des repas, de la toilette et des jeux.

- **Taisez vos angoisses.** Les enfants sentent très bien l'inquiétude et la contrariété de leurs parents, ce qui n'est pas bon pour leur moral.

- **Parlez-lui du temps qu'il devra passer à l'hôpital sans lui mentir sur la durée.** Pour qu'il ne se sente pas coupé de la vie familiale au quotidien, réalisez des petits films vidéo à la maison à l'aide de votre téléphone portable.

La souffrance de l'enfant

Le tout-petit n'a aucune idée des complications qui peuvent survenir au cours d'une maladie. Ce qu'il craint, c'est la douleur, et en premier lieu, celle des piqûres. Dans ce domaine, les parents sont des partenaires précieux pour l'équipe médicale. En cas de douleur, la proximité physique du parent, le calme de sa voix, ses mots d'encouragement aideront l'enfant, au même titre que les médicaments.

Limiter la douleur

▶ **Le personnel médical utilise de nombreuses méthodes pour que l'enfant ait une activité distrayante pendant les soins.** Vous pouvez y participer en jouant à gonfler un ballon, animer une marionnette, chanter…

▶ **Si vous vous chargez de certains soins à la maison après l'hospitalisation, ne prenez jamais l'enfant par surprise.** Prévenez-le et proposez-lui une distraction au cours des soins.

▶ **Les enfants aiment être actifs.** N'hésitez pas à lui donner un nounours et des pansements pendant qu'on s'occupe de lui.

▶ **Le massage apporte un vrai bien-être et une grande relaxation.** Massez-lui doucement les mains et les pieds, caressez-lui la tête et les tempes lorsqu'il ne se sent pas bien.

Le retour à la maison

À son retour à la maison, l'enfant malade doit parfois suivre un traitement spécifique ou être suivi de près pendant sa convalescence. Il est important que ses parents ne contrôlent pas tous ses faits et gestes et lui laissent la possibilité d'organiser seul certaines activités quotidiennes. Il faut aussi s'arranger pour que les activités familiales ne s'organisent pas principalement autour du problème de santé de l'enfant afin d'éviter les tensions ou les manifestations de jalousie de la part de ses frères et sœurs.

Organiser la vie de famille

- **Si vos autres enfants marquent une certaine indifférence face au petit malade, ne vous en inquiétez pas.** C'est une réaction normale qui ne veut pas dire qu'ils s'en moquent.

- **Pour que votre petit malade ne se sente pas trop en quarantaine, programmez au moins une activité amusante chaque jour :** une séance de peinture, un gâteau au chocolat, des bulles de savon…

- **Pensez à réserver du temps pour les autres enfants de la famille.** Cela empêchera celui qui est malade de devenir possessif, trop exigeant avec vous, et aidera les autres à ne pas rejeter le « chouchou ».

- **Maintenez le plus possible les habitudes familiales :** invitations de copains, fêtes, anniversaires… Ces événements, qui mettent de la bonne humeur dans la maison, sont précieux pour le moral de toute la famille.

Le parent malade

L'inquiétude des parents lorsque l'un d'eux tombe malade ne peut pas échapper à l'hypersensibilité du jeune enfant. Il ressent en effet mieux que quiconque leurs émotions. Entre 1 et 2 ans, il se montrera peu réceptif à l'annonce d'une maladie ou d'une opération, mais il est important de lui expliquer, sans trop l'inquiéter. Après 2 ans, il faudra surtout le rassurer afin qu'il ne croie pas qu'on lui cache un secret ou qu'il est à l'origine, par son comportement, de la maladie.

Garder le contact, malgré la fatigue

- **Entre 1 et 3 ans, un enfant a du mal à comprendre que vous soyez trop fatigué(e) ou trop malade pour jouer avec lui.** Pour garder le contact, multipliez dans la journée les jeux de très courte durée : une petite comptine avec des jeux de doigts, des jeux d'ombres chinoises avec une lampe de poche, une pause pour feuilleter ensemble les albums photos…

- **Si vous êtes trop fatigué(e), vous devrez peut-être confier votre enfant à des très proches pendant quelque temps.** Pour rester présent(e), servez-vous d'Internet, en lui envoyant chaque matin une jolie photo, une petite vidéo amusante où il vous entendra chanter sa chanson préférée, où il vous verra jouer avec le chat de la maison, enfiler sur votre main une marionnette pour le saluer…

- **Maintenez le plus possible une ambiance joyeuse à la maison.** Les chansons pour enfants, les CD de comptines sont excellentes pour le moral. Elles donneront envie à votre enfant de danser, de s'amuser, et il sera ravi de vous distraire.

les petits guides parents

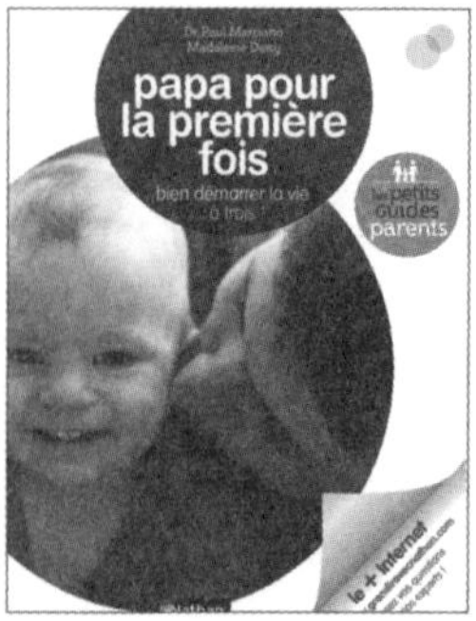

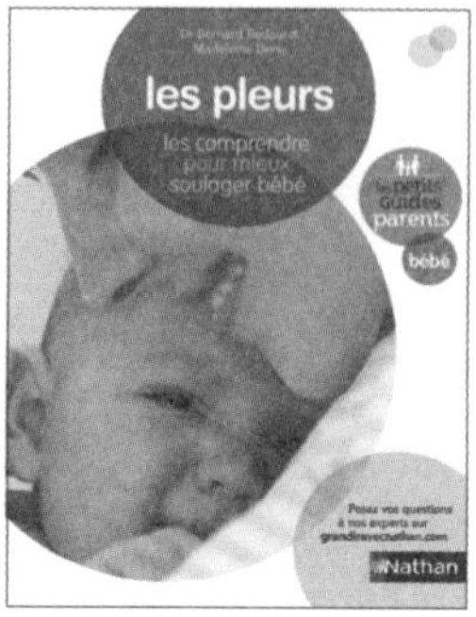

Les auteurs

Stéphane Barbas est pédopsychiatre au Centre hospitalier intercommunal de Poissy Saint-Germain-en-Laye (CHIPS). Formé à l'évaluation du comportement néonatal du nouveau-né de Brazelton et à l'observation psychanalytique du bébé selon la méthode d'Esther Bick, il a également été chargé de cours de psychopathologie de l'enfant à l'université Paris X Nanterre, de 1995 à 2000.

Madeleine Deny est spécialiste de l'enfance et du jeu éducatif. Elle a écrit une centaine d'ouvrages à destination des enfants et des parents, en particulier dans la collection **Les Petits Guides parents (éditions Nathan)**.

Grandir avec Nathan.com
Découvrez grandiravecNathan.com, le site Nathan qui vous accompagne dans votre rôle de parents.
Une mine d'infos pour les enfants de 0 à 10 ans !
Grandir avec Nathan, le site qui vous accompagne dans votre rôle de parents.
Accédez gratuitement à tous les contenus :
des fiches-conseils
des activités ludiques...
... et éducatives
des mamans
photos © istock et © shutterstock
www.grandiravecnathan.com

Grandir avec Nathan.com

3 mini-jeux

avec votre enfant de 1 an à 3 ans pour l'occuper dans une salle d'attente, pendant un voyage en train ou en avion...

Placez un tout petit jouet dans votre main fermée, puis demandez à votre enfant de soulever vos doigts l'un après l'autre **pour découvrir** ce qui est caché.

Regardez votre enfant droit dans les yeux en approchant votre visage du sien. Dès que vos nez se touchent, éloignez-vous... et recommencez !

Cachez votre **visage** derrière vos mains, puis repliez vos doigts l'un après l'autre pour faire apparaître votre visage.

images © shutterstock

Crédits photographiques

© photos / Shutterstock

p. 16-17, p. 20, p. 30, p. 52, p. 62, p. 96, p. 106,p. 114, p. 127, p. 158, p. 164, p. 172-173, p. 181, p. 186, p. 196, p. 202, p. 210, p. 226, p. 234, p. 242, p. 248, p. 254, p. 260

© photos / Laurence Mouton

p. 40, p. 128, p. 140, p. 152

© photos / Getty

p. 70-71 (imagewerks), p. 76 et p. 86 (Eric Audras), p. 122-123 (Absodels), p. 178 (Henrik Sorensen)

© photos / Corbis

p. 218

Achevé d'imprimer en mai 2011
Imprimé en France par I.M.E. - 25110 Baume-les-Dames